Johann Friedrich Hauschild

Zur Geschichte des deutschen Maß und Münzwesens in den letzten 60 Jahren

Johann Friedrich Hauschild

Zur Geschichte des deutschen Maß und Münzwesens in den letzten 60 Jahren

ISBN/EAN: 9783743651647

Hergestellt in Europa, USA, Kanada, Australien, Japan

Cover: Foto ©Andreas Hilbeck / pixelio.de

Weitere Bücher finden Sie auf **www.hansebooks.com**

Zur Geschichte

des

deutschen Maß- und Münzwesens

in den letzten sechzig Jahren.

Von

Johann Friedrich Hauschild.

Zur Geschichte
des
deutschen Maß- und Münzwesens

in den letzten sechzig Jahren.

Von

Johann Friedrich Hauschild.

Frankfurt a. M. 1861.//
Joh. Christ. Hermann'scher Verlag.//
F. E. Suchsland.

Vorbericht.

Wenn die Endurſachen der großen Verſchiedenheit in Deutſchlands Maßen und Münzen in einer früheren Zeit vorzugsweiſe in den damaligen politiſchen und geſellſchaftlichen Zuſtänden zu ſuchen ſind; ſo ſehen wir eben ſo, wie das neuerwachte Streben unſerer Zeit nach dem Ziele einer feſteren Einigung des geſammten deutſchen Vaterlandes auch zur Einigung und Einheit in materiellen Dingen, wie Maß und Münze, mächtig hindrängt. In einer ſolchen Zeit des gemeinſamen Wirkens für jenes große nationale Ziel habe auch ich geglaubt, abermals meine ſchwache Stimme erheben zu müſſen, und zwar um ſo mehr, als meinen bisherigen auf die deutſche Maß- und Münzeinigung gerichteten Beſtrebungen eine günſtige Aufnahme zu Theil geworden iſt, und ich ohnehin die Abſicht hatte, hinſichtlich der genannten Gegenſtände, am Schluſſe eines langen Zeitabſchnittes, in welchem ich für dieſelben ſchriftſtelleriſch thätig war, einen geſchichtlichen Rückblick zu veröffentlichen. So wendet ſich der Blick von der Vergangenheit nach der Zukunft, und an die

Frage: Was ist bisher in dieser wichtigen vaterländischen Angelegenheit geschehen? schließt sich die: Welches einheitliche Maß- und Münzsystem ist für Deutschland wohl das zweckmäßigste? Zur Beantwortung beider Fragen soll gegenwärtige Schrift einen Beitrag liefern.

Die Maßfrage wird wahrscheinlich eine schnellere Lösung finden, als man erwarten konnte, da bekanntlich in Folge eines Bundesbeschlusses in kurzem eine Kommission zur Ausarbeitung eines Gutachtens wegen Einführung gleichen Maßes und Gewichtes in den deutschen Bundesstaaten in unserer Stadt niedergesetzt werden soll, zu welcher mehrere Regierungen Sachverständige abordnen wollen. Erwarten wir vertrauensvoll, daß aus ihren Berathungen ein alle dabei betheiligte Interessen möglichst berücksichtigendes einheitliches Maßsystem für das ganze deutsche Vaterland hervorgehen werde.

Frankfurt am Main, Ende Dezember 1860.

J. F. Hauschild.

I. Einleitung.

§ 1. Ein halbes Jahrhundert ist verflossen, seit ich angefangen habe das weite Feld der Handelsliteratur durch meine schriftstellerischen Arbeiten bebauen zu helfen. Wenn diese letzteren auch mehrere Zweige des kaufmännischen Wissens umfassen, so war meine Neigung doch vorzugsweise dem Gebiete der Metrologie zugewendet, das ich seither immer mit großer Liebe und Sorgfalt bearbeitet habe. Neben dieser widmete ich auch dem Münzwesen (schon wegen der genauen Verbindung, in welcher Münze und Gewicht mit einander stehen) eine besondere Aufmerksamkeit.

Ein Zeitabschnitt, wie der erwähnte, ist wohl geeignet, mich zu einem prüfenden Rückblicke auf denselben zu veranlassen, um zu sehen, welche Veränderungen das Maß- und Münzwesen in den verschiedenen deutschen Staaten während dieses langen Zeitraums erfahren hat, welche Verbesserungen darin vorgenommen worden sind, und welchen Erfolg auf diesen Gebieten besonders die deutschen Einheitsbestrebungen — namentlich des Zoll- und Handelsvereins — gehabt haben.

In der Ueberzeugung, daß die durch einen solchen Rückblick und durch ein Zurückgehen auf manche ältere Schriften gewonnenen Ergebnisse nicht ohne Werth sind, und auch als Beiträge zu einer künftigen vollständigen Geschichte des deutschen Maß- und Münzwesens dienen können, übergebe ich dieselben hiermit der Öffentlichkeit. Natürlich war ich hierbei verpflichtet auch von meinen eigenen Leistungen auf den in Rede stehenden Gebieten zu sprechen. Da nun diese häufig mit meinen Lebensschicksalen verflochten sind, und die Erwähnung mancher persönlichen Beziehungen nicht zu umgehen war; so hielt ich es für das Beste, die Aufzählung meiner eigenen Arbeiten besonders zu geben, und damit einen kurzen Abriß meines in seinem äußeren Gange freilich höchst einfachen Lebens zu verbinden. Und das ist der hauptsächlichste Zweck dieser Einleitung.

§ 2. Ich wurde geboren zu Hohenleuben, im Fürstenthum Reuß jüngerer Linie, den 19. Juni 1788. Mein Großvater (Johann Georg H.) und mein Vater (Johann Friedrich H.) betrieben daselbst gemeinschaftlich ein Fabrik-Geschäft, dessen Erzeugnisse von denselben hauptsächlich auf den Messen zu Frankfurt am Main abgesetzt wurden. Eine öffentliche Schule habe ich nicht besucht, sondern in Gemeinschaft mit einigen andern Kindern einen sorgfältigen Privatunterricht erhalten. Es verdient wohl einer Erwähnung aus meiner ersten Jugendzeit, daß ich sehr frühe eine außerordentlich hohe Meinung von den Menschen hatte, die im Stande waren „Bücher zu schreiben." Meine Neugierde, solche Männer zu sehen, blieb aber lange Zeit auf einen einzigen Mann, einen sehr geachteten und gelehrten Pfarrer eines nahen Dorfes beschränkt, der meine Eltern zuweilen besuchte, und den ich dann immer im Stillen mit großer Ehrfurcht betrachtete und dessen Gesprächen aufmerksam zuhörte. Im August 1801 begleitete ich meinen Großvater das erstemal auf seiner Reise zur Messe nach Frankfurt, nicht ahnend, daß ich in dieser Stadt meine zweite Heimath finden würde. Diese Begleitung meines Großvaters auf seinen messentlichen Reisen wiederholte ich noch einigemal, bis ich endlich nach der Herbstmesse 1803 ganz in der liebgewonnenen Mainstadt blieb, um mich daselbst, nach dem Willen der Meinigen, dem Handelsstande zu widmen.

§ 3. Sehr bald erwachte nun in mir ein mächtiger Drang nach Belehrung, und ich suchte in Mußestunden mir zuerst die nöthigen Fachkenntnisse, theils durch mündlichen Unterricht, theils und hauptsächlich durch eigenes Studium aus kaufmännischen Werken zu erwerben. Dieses Feld des Wissens war aber damals noch bei weitem nicht so bebauet, als es seit einigen Jahrzehenten, wenigstens der Zahl der Schriften nach, geschehen ist, indem zu jener Zeit einige Zweige der Handelsliteratur gar nicht, einige andere aber nur ungenügend vertreten waren. Dabei wurde das Studium unserer schönen und reichen Muttersprache fleißig betrieben, und mit demselben das Lesen unserer deutschen Klassiker verbunden, das mir einen großen Genuß gewährte. Je mehr ich aber auf diesem meinem Lieblingsgebiete Fortschritte machte, desto mehr überraschte mich das, was ich in dieser Hinsicht im Geschäftsleben, besonders im kaufmännischen Briefwechsel, kennen lernte, indem ich sah, wie hier die Sprache mißhandelt wurde. Besonders auffallend und zuwider war mir der große Mißbrauch, der (zu jener Zeit weit mehr als jetzt) mit den aus fremden Sprachen entlehnten Kunstausdrücken getrieben wurde, und den ich täglich Gelegenheit hatte im brieflichen Verkehr und in den Geschäftsaufzeichnungen in den Handlungsbüchern kennen zu lernen. Ich machte es mir daher schon damals zum Grundsatze, mich in meinen schriftlichen Arbeiten der größten Sprachreinheit zu befleißigen, und mir nur da die Anwendung von fremden Kunstwörtern zu erlauben, wo ich fürchten mußte durch den deutschen Ersatzling mißverstanden zu werden, hingegen solche Fremdlinge ganz zu vermeiden, die aus Unwissenheit, Bequemlichkeit, Vornehmthuerei und Geschmacklosigkeit aufgenommen worden waren und sehr häufig noch immer geduldet wurden.

§ 4. Das weite Gebiet der Muttersprache, besonders in ihrer Anwendung auf das kaufmännische Fach, lieferte mir überhaupt manchen Stoff zu Beschäftigungen. So wurden damals die öffentlichen Aufschriften an Häusern, Läden ꝛc. einer strengen Kritik von mir unterworfen, und hierbei natürlich mancher Verstoß gegen Grammatik oder Logik entdeckt. Aus jener Zeit sind mir noch zwei durch ihre Zusammensetzung bemerkenswerthe Aufschriften auf Ladenschildern erinnerlich. Die eine lautete: Commissions- und englische Waren-Handlung von — — —. Auffallender ist die folgende Aufschrift, welche viele Jahre während der Messe auf dem Ladenschilde eines Fabrikanten zu lesen war: Extra feine drei- und vierdrähtige baumwollene Strumpf-Fabrik von — — —.

1*

§ 5. Meine Neigung zum Lesen und Lernen erstreckte sich sehr bald auch auf andere Fächer, und ich las mehrere Jahre hindurch, neben den Schriften meines Faches, noch mathematische, philosophische und naturwissenschaftliche Werke, die ich größtentheils aus den öffentlichen Bibliotheken, besonders aber aus der reichhaltigen Büchersammlung eines Frankfurter Bürgers erhielt. Da ich zu diesen Beschäftigungen häufig die halben Nächte verwendete, so legte ich dadurch wahrscheinlich den Grund zu einer Augenschwäche, die mich später befallen hat.

Während meines damaligen sechsjährigen Aufenthaltes in Frankfurt fand ich Zutritt und freundliche Aufnahme in einigen achtbaren Familien. Besonders einflußreich erwies sich die Bekanntschaft mit dem als Forscher und Schriftsteller im Fache der Metrologie geschätzten Chelius. Nicht nur erhielt hier meine Neigung zu mathematischen Studien Anregung und Nahrung, sondern meine Kenntniß des Maß- und Münzwesens eine mannichfache Erweiterung. Ich ahnte damals nicht, daß ich nach einigen Jahren mit dieser Familie in ein nahes verwandtschaftliches Verhältniß treten würde.

§ 6. Bei so mannichfaltigen wissenschaftlichen Beschäftigungen zeigte sich oder vielmehr entwickelte sich bei mir, ohne alle äußere Veranlassung, eine starke Neigung zur Schriftstellerei, die wohl in meiner Natur begründet zu seyn scheint, und von welcher der Psycholog die Spuren schon in meiner ersten Jugendzeit finden wird. (§ 2.) Ich wollte nicht fort und fort bloß empfangen, sondern es drängte mich etwas zu schaffen. Um einen Stoff brauchte ich nicht verlegen zu seyn, der bot sich mir ungesucht dar. Ich hatte nämlich seither wahrgenommen, daß in der Handelsliteratur die Anleitungen zur Kenntniß der Wechselbriefe sehr schwach vertreten waren; es bot sich mir also hier die Gelegenheit, eine Lücke ausfüllen zu helfen. Ich legte auch wirklich die Hand ans Werk, und genoß somit zum erstenmale die Freude des schriftstellerischen Schaffens.

§ 7. Neben diesen literarischen Bestrebungen war aber auch ein anderer Plan zur Reife gediehen, nämlich nunmehr einen Theil des Jahres kaufmännischen Reisen zu widmen, und zwar sowohl für das väterliche Geschäft, als auch für einige Handelshäuser. Nach einem sechsjährigen Aufenthalte verließ ich Frankfurt, um von nun an nur die dortigen Messen zu besuchen, und die übrige Zeit des Jahres entweder auf Reisen (in einem Theile Deutschlands, der Schweiz und Hollands) oder in meiner Vaterstadt zuzubringen. Diese Geschäftsreisen entfremdeten mich aber keineswegs der Literatur, und eine kleine Büchersammlung gehörte eben so gut zu meinem nothwendigen Reisegepäcke, als die mitzuführenden Waarenproben. Dabei wurde auch der alten schlimmen Gewohnheit noch in später Nacht zu arbeiten oft gehuldigt.

§ 8. Im September 1810 lag mein Erstlingswerk gedruckt vor mir. Es hatte den Titel: Anleitung zur Wechselkunde, nebst den nöthigen Erklärungen der bei den Wechselgeschäften gebräuchlichen Kunstausdrücke. Von Joh. Friedr. Hauschild, dem jüngern. Leipzig, J. B. G. Fleischer'sche Buchhandlung, 1810. X und 202 S. 8. Mit zehn Wechsel=Formularen.

Da nun durch dieses Buch die Bahn zur Schriftstellerei gebrochen war, so suchte ich dem Drange dazu durch Aufsätze in öffentliche Blätter Luft zu machen. Der Inhalt derselben betraf häufig das Maßwesen, besonders das damals noch nicht sehr bekannte metrische Maßsystem Frankreichs.

§ 9. Da die metrologischen Handbücher jener Zeit über die Maße und Gewichte Reußenlands entweder gar keine oder nur sehr wenige und dabei unrichtige Nachrichten enthielten; so stellte ich, auf Veranlassung von Chelius in Frankfurt, im Jahre 1811 und später Nachforschungen und Untersuchungen über diesen Gegenstand an. Dies war aber deswegen nicht leicht, weil auch in dem reußischen Maßwesen leider eine große Verschiedenheit herrschte, und beinahe jedes Städtchen seine besonderen Maße hatte, deren wahre Größe meistens gänzlich unbekannt war. Mein Vorhaben gelang mir daher zum Theil nur von Gera, Greiz, Hohenleuben, Schleiz und Zeulenroda. Die Ergebnisse meiner Arbeiten machte ich später in einem reußischen Blatte bekannt*). Meine Geschäftsreisen benutzte

---

*) Gemeinnütziges Schleizer Wochenblatt. Nr. 14 und Nr. 48 v. J. 1814, und Nr. 26 v. J. 1815.

ich ebenfalls häufig zu Nachforschungen über Maße und Gewichte, welche, bei ihrer damaligen großen Verschiedenheit, von vielen Städten noch nicht genau bekannt waren.

§ 10. Das Jahr 1814 wurde ein für meine Zukunft entscheidendes Jahr; denn ich verheirathete mich in demselben (am 23. November) mit Marie Chelius, der einzigen Tochter des Inspektors und Recheneischreibers Chelius in Frankfurt am Main. Ich nahm nun auch, als Bürger dieser Stadt, in derselben meinen festen Wohnsitz, um von da aus die Geschäfte zu besorgen, für welche ich seit einigen Jahren auf Reisen thätig gewesen war. Mein praktischer Beruf entzog mich aber keineswegs den Beschäftigungen mit der Literatur; im Gegentheile flüchtete ich oft aus dem Einförmigen und Mechanischen des Geschäftslebens in die Bücherwelt und folgte häufig dem Drange zur Schriftstellerei, der mich in dieser Zeit zuweilen auch zu Versuchen auf fremden Gebieten hintrieb. So erschienen im Laufe mehrerer Jahre manche kleine Arbeiten, theils mit meinem Namen, theils ohne denselben, oder auch unter einem angenommenen Namen. Sie sind größtentheils in dem damals sehr verbreiteten (Gothaischen) „Allgemeinen Anzeiger der Deutschen" enthalten, manche auch in den Frankfurter Zeitungen. Eine reifere Erfahrung ließ mich indessen bald einsehen, daß durch eine solche herumschweifende Thätigkeit nur Zeit und Kräfte fast nutzlos zersplittert würden, und ich faßte deshalb, indem ich dabei das bescheidene Maß der mir verliehenen Gaben berücksichtigte, den Vorsatz, mir zwar volle Freiheit in dem zu bewahren, was ich in den Kreis meines eigenen Wissens aufzunehmen für zweckmäßig finden würde, aber als Schriftsteller gewisse mir gesteckte Grenzen streng einzuhalten, und auf diesem Gebiete meine Kräfte nur größeren Arbeiten zuzuwenden. Und dazu bot sich sehr bald eine Gelegenheit dar.

§ 11. Von meiner „Anleitung zur Wechselkunde" war nämlich eine neue Auflage nöthig geworden. In diesem Zweige der kaufmännischen Literatur war kein Ueberfluß an guten Lehrbüchern für den Handelsstand vorhanden; denn die von Rechtsgelehrten über diesen Gegenstand verfaßten Werke sind wieder nur für diesen Stand geschrieben, indem der Jurist gewöhnlich nicht die gehörige Kenntniß vom kaufmännischen Verkehr besitzt, um die Anforderungen des Kaufmanns an solche Bücher ganz zu befriedigen. Mein Zweck war: eine deutliche, gründliche und möglichst vollständige Anleitung zur Kenntniß des Wechselwesens, zunächst zum Selbstunterrichte für angehende Kaufleute, dann aber auch zum Gebrauche für den Lehrer der Handelswissenschaft, zu liefern. Ich unternahm deshalb eine gänzliche Umarbeitung meines Buches und die neue Auflage erschien unter dem Titel: Theoretisch-praktische Anleitung zur Wechselkunde. Von Johann Friedrich Hauschild. Zweite, umgearbeitete und vermehrte Auflage. Frankfurt am Main, Jäger'sche Buchhandlung, 1828. VIII und 200 S. gr. 8. Mit zehn Wechsel-Formularen.

Diese neue Auflage fand nicht nur eine günstige Aufnahme bei dem Handelsstande, sondern wurde in mehreren Handelsschulen als Leitfaden beim Unterrichte eingeführt. Auch der Beifall der Abschreiber ist dieser zweiten Auflage überaus reichlich zu Theil geworden. Drei Buchfabrikanten: Albert Franz Jöcher, M. Heinemann und J. Kloß, haben nämlich dieselbe zu vier von ihnen fabrizirten Büchern auf ihre Art benutzt, d. h. ausgeplündert. Am unverschämtesten ist dies von Jöcher in seiner bei Gottfried Basse in Quedlinburg erschienenen „Handelsschule" geschehen; denn die im zweiten Bande dieses Werks enthaltene „Lehre von den Wechseln" kann ich mit vollem Rechte einen Nachdruck meiner Arbeit nennen.

§ 12. Mein Schwiegervater Chelius war seit längerer Zeit mit einer gänzlich umgearbeiteten (dritten) Auflage seines Maßbuches beschäftigt, da die zweite Auflage desselben schon seit vielen Jahren im Buchhandel ganz fehlte. Es war ihm aber nicht vergönnt die angefangene Arbeit zu vollenden, indem mitten in derselben der Tod (am 8. März 1828) seinem Wirken ein Ziel setzte. Dem von meinem Schwiegervater gegen mich geäußerten Wunsche, daß ich in einem solchen Falle die Herausgabe der neuen Auflage besorgen möchte, suchte ich nun nach besten Kräften und mit allem Fleiße zu entsprechen, und zwar im Geiste des Verewigten (dieses gründlichen, gewissenhaften und unermüdlichen Forschers in dem Fache der Metrologie), um auch in meinem Antheile an dem „Maß= und Gewichtsbuche" der wichtigsten Forderung an ein solches Werk — der erreichbaren Zuverlässigkeit der Angaben — völlig zu genügen. In diesem Streben wurde ich sehr unterstützt durch die von Chelius hinterlassenen reichhaltigen gedruckten und geschriebenen literarischen Hülfsmittel und meine eigenen für das metrologische Fach angelegten Sammlungen, durch viele Mittheilungen von Behörden und von Gelehrten (zum Theil Freunden des seligen Chelius). Die gründliche Durchforschung und gewissenhafte Prüfung des mir vorliegenden bedeutenden Materials, die vielen mühsamen und zeitraubenden Berechnungen, so wie die Lösung gar mancher auftauchenden Widersprüche, waren eben so viele zu überwindende Schwierigkeiten, die nur derjenige gehörig zu würdigen vermag, welcher mit solchen Arbeiten näher vertraut ist. Dieses Werk erschien unter dem Titel: Maß= und Gewichtsbuch von Georg Kaspar Chelius. Dritte, von dem Verfasser selbst ganz umgearbeitete und sehr vermehrte Auflage. Nach dessen Tode herausgegeben und mit Nachträgen begleitet von Johann Friedrich Hauschild. Mit einer Vorrede von H. C. Schumacher, königl. dänischem wirkl. Etatsrath und ordentl. Professor der Astronomie in Kopenhagen, ꝛc. Frankfurt am Main, Jäger'sche Buchhandlung, 1830. XXX und 384 S. gr. 8. An der Arbeit des verewigten Verfassers habe ich nicht das Geringste geändert, sondern solche ist genau nach seiner Handschrift abgedruckt worden; es sind dies die ersten 15 Bogen, von S. 1 bis S. 240. Das Uebrige, was aus meiner Bearbeitung hervorgegangen ist, habe ich als Ergänzungs=Nachträge ꝛc. hinzugefügt.

§ 13. Dieses Werk wurde beifällig aufgenommen, und mehrere kritische Zeitschriften sprachen sich in den mir bekannt gewordenen Beurtheilungen günstig darüber aus. Besonders bezeichnen zwei sachkundige Beurtheiler in den Heidelberger Jahrbüchern der Literatur (Jahrgang 1830, Heft 7) und dem Pariser Bulletin des Sciences mathématiques, physiques et chimiques (Tome XV, Mars 1831), sehr

in das Einzelne eingehend, recht treffend die Eigenthümlichkeiten
dieser Schrift, und rechnen sie, wegen der großen Genauigkeit
und Gewissenhaftigkeit in den Bestimmungen, wegen der Sorgfalt
und Gründlichkeit in der ganzen Ausarbeitung, unter die schätz=
barsten Beiträge zur Metrologie. Die Ergebnisse unserer in
diesem Werke niedergelegten metrologischen Untersuchungen sind
auch in deutschen, französischen und niederländischen Schriften
vielfach benutzt worden, worüber ich mich nur freuen konnte, wenn
es auf eine ehrenwerthe, redliche Art geschehen ist. Eine solche
Benutzung unseres Werkes hat Statt gefunden in einer schätz=
baren metrologischen Arbeit des geheimen Hofraths und Pro=
fessors Dr. G. W. Muncke in Heidelberg*), welcher sich, unter
steter Anführung der benutzten Quellen, vorzugsweise unserer
Angaben bedient und seinen Vergleichungen sehr häufig die durch
uns gefundenen Verhältnisse zu Grunde gelegt hat, auf die der=
selbe „wegen ihrer bewährten Genauigkeit und Zuverlässigkeit"
großen Werth legt.

§ 14. Von einer ganz andern Art der „Benutzung," welche
die Schriftsteller „literarischen Diebstahl" zu nennen pflegen, und
zu welcher auch ich durch das genannte Werk manche Belege
liefern könnte, soll hier nur ein Beispiel angeführt werden. In
dem Buche: „Vollständiges Handbuch für Kaufleute. Enthaltend:
die Münz=, Maß=, Gewicht=, Wechsel= und Staatspapierkunde,
..... Bearbeitet von A. Melbola. Hamburg, bei Schuberth
u. Comp., 1842", hat der Verfasser die meisten Angaben und
Nachrichten über Maße und Gewichte von Chelius und von
mir abgeschrieben. Im Artikel „Frankfurt am Main" sind
dreizehn volle Seiten ein wörtlicher Abdruck unserer Ar=
beiten, ohne Erwähnung der Quellen. Da aber Melbola, der
seine Abschreiberei sehr häufig mit eben so viel Unkunde als
Leichtfertigkeit und Unverschämtheit treibt, die älteren Arbeiten

---

*) Joh. Samuel Traugott Gehler's Physikalisches Wörterbuch,
neu bearbeitet von Brandes, Gmelin, Horner, Muncke und Pfaff. 6.
Band. 2. Abtheilung. Ma. Leipzig, 1836. gr. 8. In dem Artikel: „Mass",
von S. 1218 bis 1391.

von Chelius mit den neueren von mir ganz gedankenlos zusammengesetzt hat; so findet man in diesem Artikel mehrmals über einen und denselben Gegenstand zwei verschiedene Angaben. Unter dem Art. „England, Schottland und Irland" finden sich wieder zehn volle Seiten mit allen Citaten aus meinen Schriften entlehnt, und zwar so, als wenn Melbola der Verfasser davon wäre. In dem Art. „Frankreich" gehören dem seligen Chelius und mir vierzehn volle Seiten an, die Melbola, ohne seine Quellen zu nennen, aus unseren Schriften wörtlich hat abdrucken lassen; dabei hat derselbe aber nicht berücksichtigt, daß seitdem im Maßwesen Frankreichs Veränderungen erfolgt waren, die er mithin nicht zu kennen scheint, obgleich er sie in dem von mir bearbeiteten metrologischen Theil des Art. Paris in Schiebe's Lexikon der Handelswissenschaften, § 18, hätte finden können *).

§ 18. Noch eine Benutzung ganz eigenthümlicher Art, die unser Werk erfahren hat, darf ich um so weniger übergehen, als solche Beispiele am besten zeigen, mit welcher unbegreiflichen Oberflächlichkeit sehr viele Schriftsteller bei Abfassung ihrer Schriften über das Maßwesen zu Werke gehen, und was man dem kaufenden Publikum zu seiner Belehrung in diesem Fache zu bieten wagt.

Die hier näher zu besprechende Schrift hat den Titel:

„Gedrängter Abriss der Münz-, Maass- und Gewichtkunde der neueren Zeiten und des Alterthumes. In Tabellen zur Vergleichung mit dem neuen französichen und dem österreichischen Systeme. Nach Thionville von J. J. Littrow. Güns, 1834." (87 S. gr. 8.)

---

*) Melbola hat auch in seinem Artikel „Cöln" über die Kölnische Mark aus einer andern meiner Schriften (Vergleichungstafeln der Gewichte 2c., s. § 17) sechs volle Seiten, und zwar mit allen meinen Citaten, Wort für Wort abdrucken lassen, welche aber durch mehrere Druckfehler und Auslassungen sehr entstellt sind; dabei gibt er sich das Ansehen, als wäre dies alles seine eigene Arbeit. Doch genug von diesem Plagiarius, der übrigens in seinem oben genannten Buche nicht zum erstenmale dem Publikum Fingerarbeit für Geistesarbeit verkauft, sondern der in der Kunst des Abschreibens schon früher Ausgezeichnetes geleistet hat.

Dieser „Abriß" aber ist eigentlich ein Anhang von folgendem Werke:

„Hausbuch des geographischen Wissens.... Frei bearbeitet nach dem Abrégé de Géographie des A. Balbi, von Cannabich, Littrow, Sommer, Wimmer und Zeune. 2 Bände. Güns, 1834." gr. 8.

Ich verschaffte mir auch das Original von diesem geschätzten geographischen Werke: „Abrégé de Géographie,.... par Adrien Balbi. Second tirage. Paris, 1834." (Ein Band von 1550 Seiten in gr. 8.) Hr. Balbi sagt in seiner Einleitung unter andern, daß, nachdem er etwas Genaues und Vollständiges über Münzen, Maße und Gewichte für seine Geographie vergebens gesucht, er endlich den Hrn. Guérin, der sich schon seit langer Zeit mit einem größeren Werke über diese Gegenstände beschäftigt, vermocht habe, ihm daraus einen Auszug zu bearbeiten, und daß dieser alles übertreffe, was bis jetzt in Frankreich in diesem Fache erschienen sey. Dieser dazu gehörige Anhang hat den Titel:

„Nouveau Traité des Monnaies et des Poids et Mesures des principaux pays et des principales villes du globe, suivi d'un tableau comparatif des monnaies et des poids et mesures des principaux peuples de l'antiquité; par M. Guérin de Thionville." Nach dem großen Lobe, das Hr. Balbi, diesem Werkchen ertheilt, nach der vollen Bestätigung dieser Lobeserhebungen in dem Vorworte des Hrn. Littrow, und endlich nach dem was Hr. Guérin selbst von seinen Arbeiten sagt, sollte man hier etwas ganz Ausgezeichnetes und Vortreffliches mit Recht erwarten.

Diese gerechten Erwartungen werden aber durchaus nicht erfüllt. Der französische Verfasser ertheilt in seinem Werkchen unserm „Maß- und Gewichtsbuche" großes Lob, und legt auf die darin enthaltenen Untersuchungen einen besondern Werth. Wie er diese aber benutzt und mit den Angaben anderer Schriftsteller untermengt hat, habe ich in meinen „Vergleichungstafeln der Gewichte ꝛc." S. 17 u. flg. näher angegeben. Eine solche Oberflächlichkeit, einen solchen gänzlichen Mangel an Kritik bei

Benutzung seiner angegebenen Quellen, ein solches prüfungsloses Abschreiben Anderer, wie hier besonders in den Gewichtsangaben herrscht, hätte ich in dieser Schrift am allerwenigsten erwartet. Ich glaube dies nur durch die Annahme einer völligen Unbekanntschaft des Verfassers mit der deutschen Sprache genügend erklären zu können, welcher das große Lob, das er der von mir herausgegebenen dritten Auflage des Chelius'schen Maß- und Gewichtsbuches spendet, wahrscheinlich blindlings einem Rezensenten nachgeschrieben hat, von dem eine ausführliche und gründliche Beurtheilung dieses Werkes in der oben (§ 13) angeführten Pariser Zeitschrift: Bulletin des Sciences mathématiques, physiques et chimiques, enthalten ist.

Die Mangelhaftigkeit dieser französischen Arbeit ist nun in der deutschen Uebersetzung von Littrow noch dadurch vermehrt worden, daß dieser die Werthe der mit dem Kilogramme und dem Wiener Handelspfunde verglichenen Gewichte immer nur bis auf drei Dezimalstellen, mithin nicht genauer als bloß auf ganze Gramme, angegeben hat, so daß nach der Littrow'schen Schrift die Gewichte mehrerer Staaten genau einerlei Schwere haben sollen, welche in dieser Hinsicht doch wirklich von einander verschieden sind. In dem französischen Originale hingegen sind die Einheiten der fremden mit dem Kilogramme verglichenen Gewichte fast immer bis auf sechs Dezimalstellen, also bis auf die Tausendtheile eines Grammes, angegeben. Welchen Nutzen haben aber diese scheinbar genaueren Gewichtsbestimmungen, wenn man, wie es hier der Fall ist, von ihrer völligen Richtigkeit nicht überzeugt seyn kann? Wenn ich oben eine entschuldigende Erklärung hinsichtlich der Mangelhaftigkeit des französischen Originals zu geben versuchte, so ist es mir dagegen unerklärlich, daß eine solche größtentheils aus angegebenen deutschen Schriften entnommene Arbeit in Deutschland übersetzt werden konnte, ohne vorher einen prüfenden Blick in die angezeigten deutschen Quellen zu thun, übersetzt werden konnte mit so vielen und bedeutenden Unrichtigkeiten, mit den hier bemerkten ganz zweckwidrigen Abänderungen in den Angaben, und dabei oft so gedankenlos, daß man in der deutschen Ausgabe anstatt des richtigen Ausdruckes Quentchen sogar das Wort „Drachme" gebraucht findet, weil das letztere im französischen Originale dafür steht!

Und aus diesem „Gedrängten Abriss .... von J. J. Littrow" sind sämmtliche Angaben des Artikels: „Maß, Gewicht und Münzen" in dem 7. Bande der 8. Originalauflage des bekannten „Conversations=Lexikons" (Leipzig, bei F. A. Brockhaus, 1835), S. 185—191, ohne alle Prüfung abgedruckt worden, also abgedruckt worden aus der sehr mangelhaften deutschen Uebersetzung einer französischen Schrift, welche letztere selbst, aber höchst oberflächlich und fehlerhaft, größtentheils nach deutschen Quellen bearbeitet ist! Der Verfasser dieses Artikels in dem „Conversations=Lexikon" nennt seine Arbeit ebenfalls, wie die ihr zu Grunde liegende fremde, einen „gedrängten Abriß", und hat alle seine der Littrow'schen Schrift ungeprüft entnommenen Maß= und Gewichts-Vergleichungen natürlich auch in Wiener Maß und Gewicht ausgedrückt, d. h. aus solcher unverändert abgeschrieben. Der Verfertiger dieses merkwürdigen Artikels hat sich durch denselben den beiden von ihm benutzten metrologischen Schriftstellern auf eine ausgezeichnete Weise an die Seite gestellt.

§ 16. Dr. Dingler's polytechnisches Journal von 1832, Band XLV., Heft 3. Stuttgart, 1832, gr. 8, S. 202—204, enthält von mir eine: „Vergleichung der englischen Maße und Gewichte mit den Maßen und Gewichten von Frankfurt a. M." Um dieselbe, mehrseitig geäußerten Wünschen zufolge, einem größeren Kreise von Lesern zugänglich zu machen, veranstaltete ich davon einen besonderen erweiterten, mit Nachweisungen und Bemerkungen versehenen Abdruck, welcher unter folgendem Titel erschien: Vergleichung der englischen Maße und Gewichte mit den französischen und mit denen der Stadt Frankfurt am Main. Von Johann Friedrich Hauschild. Frankfurt am Main, Jäger'sche Buchhandlung, 1833. 16 S. gr. 8.

§ 17. Zu die 15. Auflage des bekannten Nelkenbrecher'schen Taschenbuches der Münz=, Maß= und Gewichtskunde (Berlin, 1832) waren aus dem von mir herausgegebenen „Maß=

und Gewichtsbuche von Chelius" sehr viele Angaben, sowohl von Chelius als von mir, aufgenommen worden. Wäre dieses immer mit gehöriger Sorgfalt und Treue geschehen, so würde es mir nur Freude verursacht haben, daraus zu ersehen, daß mein in dem gedachten Werke ausgesprochener starker Tadel der metrologischen Nachrichten in der von J. H. D. Bock und Karl Crüger herausgegebenen 14. Auflage des Nelkenbrecher'schen Taschenbuches (Berlin, 1828) beachtet und verbessert, und unser Werk zur Verbreitung richtiger Angaben benutzt worden war. Der Herausgeber der 15. Auflage, Bock, hat nun, was die Metrologie betrifft, zwar unsere Arbeiten benutzt, aber häufig auf eine so unverzeihlich ungeschickte Weise, daß sie durch seine Behandlung unbrauchbar geworden sind; dabei wird auch dem verstorbenen Chelius sogar Manches zugeschrieben, was gar nicht von ihm herrührt. Ich fand mich dadurch veranlaßt, den Herausgeber dieser 15. Auflage öffentlich (Gothaischer allgem. Anzeiger und National=Zeitung der Deutschen v. J. 1832, Nr. 226) aufzufordern, im Falle er in einer künftigen Auflage dieses Taschenbuches wieder Angaben von Chelius oder von mir, mit Anführung des Namens, aufnehmen wollte, dieses doch mit Sorgfalt und Deutlichkeit zu thun, oder wenn ihm dieses nicht möglich seyn sollte, dann wenigstens unsere Namen dabei nicht zu nennen. Da das Nelkenbrecher'sche Taschenbuch, ungeachtet seiner großen Mängel, von den Herausgebern ähnlicher Werke doch immer noch benutzt wird, so waren die in jenem begangenen Mißgriffe in den Gewichtsangaben durch ungeprüftes Abschreiben derselben von Andern nicht nur weiter verbreitet, sondern durch neue hinzugefügte ähnliche Mißgriffe sogar noch vergrößert worden.

Um nun die Verwirrung, welche durch mehrere Werke in die Metrologie gebracht worden war, zu lösen, die weitere Verbreitung solcher und ähnlicher Irrthümer für die Folge zu verhüten, und manche sonst noch vorhandene Widersprüche und unsichere Bestimmungen zu berichtigen, bearbeitete ich im Jahre 1835 mit großer Sorgfalt Vergleichungstafeln der Gewichte von 238 Ländern und Städten, mit der Angabe sowohl ihrer Schwere in französischen Grammen, als auch des Verhältnisses jedes einzelnen Gewichts zu allen andern, und mit der Anzeige der Quellen dieser Gewichtsbestimmungen, welche Tafeln zugleich für die bei dem deutschen Zollverein vorkommenden Gewichts-Reduktionen gebraucht werden können. Sie erschienen unter dem Titel: Vergleichungs-Tafeln der Gewichte verschiedener Länder und Städte, nebst den neuesten Verordnungen und Untersuchungen über Maße und Gewichte, wie auch mehreren Beiträgen zur Berichtigung der Gewichtskunde. Von Johann Friedrich Hauschild. Zugleich als Ergänzung und Fortsetzung der von demselben herausgegebenen dritten Auflage des Maß- und Gewichtsbuches von Georg Kaspar Chelius. Frankfurt a. M., Jäger'sche Buchhandlung, 1836. VIII und 120 S. gr. 8. Die oben erwähnten Irrthümer und Mißgriffe des Nelkenbrecher'schen Taschenbuches und mehrerer metrologischen Bücher sind in diesem Werkchen näher nachgewiesen. Außerdem enthält dasselbe nachfolgende Abhandlungen: Ueber das Verhältniß des parlamentarischen Troy-Pfundes zu dem Original-Kilogramm; Ueber die Verbesserung des Maßwesens in der Schweiz; Die neueste Bestimmung der Kölnischen Mark, mit Hinsicht auf frühere Bestrebungen für den gleichen Zweck (man sehe hierzu die Note im § 14).

§ 18. Anfangs des Jahres 1836 erhielt ich von dem Direktor Schiebe in Leipzig eine Einladung zur Theilnahme an der Bearbeitung eines Handels-Lexikons, welches gebildeten Kaufleuten und Geschäftsmännern eine befriedigende, den Anforderungen der Zeit entsprechende, Auskunft über die mannichfaltigen Gegenstände ihres vielumfassenden Faches gäbe. Zur möglichst vollständigen Lösung dieser schwierigen Aufgabe suchte der Herausgeber einen Verein von Männern zu bilden, die nicht nur das Bedürfniß des Geschäftsmanns kennen, sondern die sich durch ihre schriftstellerischen Arbeiten bei dem Publikum auch bereits das erforderliche Vertrauen in den Fächern erworben haben, die ihnen zur Bearbeitung übertragen werden sollen. Ich sollte die gesammte Maß- und Gewichtskunde bearbeiten.

Wie sich mir bei fast allen meinen schriftstellerischen Arbeiten der Stoff dazu gleichsam von selbst, aus vorhandenen Zuständen der kaufmännischen Literatur hervorgehend, dargeboten hat, so zeigte sich, nachdem mein im § 17 erwähntes Buch kaum beendigt war, ganz ungesucht schon wieder eine solche Gelegenheit. Ich übernahm diese mühsame und schwierige (aber auf mehrere Jahre vertheilte) Arbeit aus wahrer Liebe zur Sache und um so mehr, als mir dadurch Gelegenheit gegeben wurde, die vielen metrologischen Irrthümer und Unklarheiten in den Werken über das Maß=, Gewichts= und Münzwesen (die zu jener Zeit in einer sehr großen Anzahl vorhanden waren) zu berichtigen und zu verbessern.

Dieses Werk erschien in Lieferungen und war im Herbste 1839 vollständig in den Händen der Subskribenten. Es führt den Titel: Universal=Lexikon der Handelswissenschaften, ... Herausgegeben von August Schiebe, Direktor der öffentlichen Handels=Lehranstalt zu Leipzig, im Vereine mit: (fünfzehn genannten Mitarbeitern). 3 Bände. Leipzig und Zwickau, 1837—1839. 232 Bogen. Schmal gr. 4. Ein solches, den Anforderungen Deutschlands und der Zeit entsprechendes, Werk war ein wirkliches Bedürfniß, und das erwähnte fand bei seinem Erscheinen eine günstige Aufnahme und vielseitige Anerkennung. Dieses Werk enthält unter andern eine vollständige und genaue Darstellung der Münz=, so wie der Maß= und Gewichtsverhältnisse aller Länder, erstere von dem (am 4. Juni 1852 im 75. Jahre verstorbenen gründlichen und fleißigen Forscher im Fache des Münzwesens) Direktor Christian Noback, letztere von mir bearbeitet. Die verschiedenen Münzen, Maße und Gewichte sind in demselben nicht bloß unter dem Lande oder Orte, in welchem sie gebraucht werden, sondern immer noch einmal unter ihrem eigenen Namen als besondere Artikel aufgeführt, wodurch man dieselben auch dann schnell auffinden kann, wenn man nur ihre Namen, aber nicht das Land kennt, dem sie angehören.

Daß mein sorgfältiges Streben nach Zuverlässigkeit, Gründlichkeit und möglichster Vollständigkeit kein erfolgloses gewesen ist, sondern vielseitige Anerkennung gefunden hat, zeigt wohl am besten die häufige Benutzung meiner Arbeit von den Verfassern ähnlicher Arbeiten in größeren und kleineren Werken, zum Theile mit Angabe der Quelle, meistentheils aber ohne alle Erwähnung derselben. Das Schiebe'sche Lexikon wurde auch Veranlassung, daß mehrere ähnliche Unternehmungen ins Leben traten.

§ 19. Es kann meine Absicht nicht seyn, alle Bücher über das Maß-, Gewichts- und Münzwesen, die (wie oben erwähnt wurde) zu jener Zeit in einer sehr großen Anzahl vorhanden waren, hier auch nur ihrem Titel nach zu nennen, noch viel weniger in eine Beurtheilung derselben einzugehen. Aber ein Werk darunter etwas ausführlicher zu besprechen, darf ich in dieser Schrift um so weniger unterlassen, als dasselbe in der Geschichte der kaufmännischen Literatur in mehrfacher Hinsicht eine merkwürdige Erscheinung ist, nämlich das schon im § 17 erwähnte „Nelkenbrecher'sche allgemeine Taschenbuch der Münz-, Maß- und Gewichtskunde". Voran mögen folgende kurze geschichtliche Nachrichten von diesem Buche stehen.

Johann Christian Nelkenbrecher, Kandidat der Rechte und Lehrer der kaufmännischen Rechenkunst in Leipzig, verfertigte zum Gebrauche für seine Schüler einen schriftlichen Auszug aus Kruse's bekanntem Kontoristen, von welchem dieselben sich auch Abschriften machten. Nach dessen (am 5. August 1760 erfolgten) Tode ließ der Buchhändler Wever in Berlin eine solche Abschrift im Jahre 1762 unter dem Titel: „Nelkenbrecher's Taschenbuch eines Banquiers und Kaufmanns", ungefähr 10 Bogen stark, abdrucken. Die folgenden acht Ausgaben, die 1769, 1772, 1775, 1781, 1786, 1793, 1798 u. 1805 erschienen, besorgte der (zu Ende Septembers 1805 verstorbene) königl. preuß. Haupt-Banko-Buchhalter Mark. Rud. Balth. Gerhardt in Berlin, ein sehr kenntnißreicher und geschickter Mann. Die nächsten acht Auflagen aber sind von sechs verschiedenen Verfassern*) bearbeitet worden, und in den Jahren 1810, 1815, 1817, 1820, 1828, 1832, 1842 und 1848 in Ber-

---

*) Wenn ich von den verschiedenen Verfassern oder Bearbeitern dieses Taschenbuches und ihren metrologischen Arbeiten rede, so gilt das Gesagte immer nur von dem Hauptwerke desselben, ohne jede Beziehung auf die demselben beigefügten besonderen Münz-Tabellen und deren Verfasser.

lin erschienen.*) Von diesem Werke sind also bis zum Jahre 1848 allein 17 Original-Auflagen vorhanden; dasselbe ist aber wohl eben so vielmal vollständig, jedoch noch weit öfter theilweise nachgedruckt worden.**) Wenn die vielen Auflagen eines Buches immer ein Beweis von der Vortrefflichkeit und Vollkommenheit desselben wären, so müßte dieses Taschenbuch das vorzüglichste Werk in seiner Art seyn, weil dasselbe bei dem Theile des Publikums, der solcher Bücher bedarf, also am meisten bei dem Handelsstande, eine lange Reihe von Jahren ein so großes Ansehen genossen hat, wie dies keinem andern Werke in der Handelsliteratur zu Theil geworden ist. Und dieser Beifall würde demselben noch lange in reichem Maße zugekommen seyn, wenn es nicht hinter den Anforderungen der Zeit an solche Werke zurück geblieben wäre. So aber haben die späteren Auflagen desselben stets an Brauchbarkeit verloren, und dieses Buch zehrt schon lange nur noch an dem alten guten Rufe, welchen es seinem vieljährigen Herausgeber Gerhardt verdankt. Derselbe hat nämlich von dem Nelkenbrecher'schen Taschenbuche während 37 Jahren acht Ausgaben mit Sorgfalt und in einer für seine Zeit genügenden Art bearbeitet. Nach dessen Tode hat dieses Werk keinen Mann gefunden, der demselben eine lange Reihe von Jahren Zeit und Kräfte mit Liebe gewidmet hätte; denn die folgenden acht Auflagen (10. bis 17.), von 1810 bis 1848, sind von sechs verschiedenen Bearbeitern besorgt worden.

Die vielen Fehler und sonstigen Mängel in diesen letzten acht Auflagen wurden in Literatur-Zeitungen von sachkundigen Rezen-

---

*) Beinahe wäre der verewigte Chelius auch in der Reihe der Bearbeiter dieses Werks erschienen, und es ist sehr zu bedauern, daß solches nicht geschehen ist. Es wurde demselben nämlich im März 1814 von der Verlagshandlung der Antrag hierzu gemacht, welchen er bloß deswegen ablehnte, weil das Manuskript schon bis Ende Augusts desselben Jahres fertig seyn sollte.

**) Ein Nachdruck der rechtmäßigen 15. Auflage dieses Buches (Berlin, 1832), der vor mir liegt, hat folgenden Titel: „J. C. Nelkenbrecher's Handbuch (früher Taschenbuch) der Münz-, Maß- und Gewichtskunde, für Kaufleute und Gewerbtreibende .... Sechzehnte Auflage. Reutlingen, Druck und Verlag der Joh. Jak. Mäcken'schen Buchhandlung, 1834". gr. 8. — Die 16. Original-Auflage ist aber in Berlin erst im Jahre 1842 erschienen!

senten oft gerügt. Von dem seligen Chelius ist, in bester Absicht und nur im Interesse der guten Sache, in öffentlichen Blättern ebenfalls mehrmals auf die unrichtigen und unvollständigen Nachrichten dieses Buches aufmerksam gemacht worden, und auch ich habe viele Irrthümer und Mißgriffe desselben an mehreren Stellen in meinen Schriften, so wie in öffentlichen Blättern nachgewiesen. Das Alles übte aber eine sehr geringe Wirkung auf die Vervollkommnung dieses Buches aus, und die in einer neuen Ausgabe desselben etwa angebrachten Verbesserungen wurden sicher durch andere Mängel wieder reichlich aufgewogen. Ein eigener Unstern scheint über den Artikel „Frankfurt am Main" zu walten; da besonders derselbe mehrfach in diesem Werke höchst unvollständig und oberflächlich bearbeitet worden ist. Daß ich bei meinem Tadel nicht mit einer zu großen Strenge verfahre, mag folgende Stelle beweisen, die ich aus meinem „Frankfurter Geschäfts-Handbuche" (S. III) hier anführen will. Ich schrieb im Dezember 1844: „— — — Wenn es zuweilen schon schwer hält, sich genaue und vollständige Nachrichten von allen Veränderungen an dem eigenen Wohnorte zu verschaffen, so dürfen wir diese von auswärtigen Schriftstellern um so weniger immer erwarten oder fordern. Aber nicht zu entschuldigen ist eine solche unvollständige, unklare, zum Theil ganz unrichtige und dabei praktisch unbrauchbare Darstellung der Frankfurter Maße, Gewichte und Münzen, wie sie das bekannte Nelkenbrecher'sche Taschenbuch der Maß-, Gewichts- und Münzkunde in seiner neuesten 16. Auflage (Berlin, 1842) in dem Artikel „Frankfurt am Main" gibt". Der neue Bearbeiter der 17. Auflage dieses Buches (Berlin, 1848), sagt nun zwar im Artikel „Frankfurt am Main" in einer Note (S. 157): „Diese Angaben sind dem musterhaft gearbeiteten Frankfurter Geschäfts-Handbuche von Hauschild entlehnt"; allein derselbe hat meine richtige, vollständige und höchst deutliche in diesem Werke enthaltene Darstellung nicht nur sehr unvollständig wieder gegeben, sondern solche überhaupt in einer ungeschickten und unklaren Weise behandelt, und zum Theil dadurch ganz unbrauchbar gemacht, daß er manches ganz Abgeschaffte nicht als solches bezeichnet, vielmehr zuweilen Altes und Neues, ohne nähere Erklärung, durch einander geworfen hat! Wer kann nun in einem solchen Artikel, oder vielmehr in einem solchen Buche (denn der neue Bearbeiter verleugnet sich auch in noch andern Artikeln nicht) eine genaue Auskunft suchen wollen? Um zu den neueren auch ein älteres Beispiel zu fügen, mag hier nur noch einer Beurtheilung der 10. Auflage des Nelkenbrecher'schen Taschenbuches (Berlin, 1810), die sich in Nr. 46 des Gotha'ischen allgemeinen Anzeigers der Deutschen v. J. 1811 befindet, gedacht werden, in welcher die Mangelhaftigkeit und Oberflächlichkeit der Bearbeitung dieser Auflage und besonders des Art. Frankfurt am Main scharf gerügt wird. Und dieser Aufsatz ist von dem seligen Chelius. — Wie spät erst den Bearbeitern des Taschenbuches selbst die wahre Schwere des preußischen Pfundes (nach der offiziellen preußischen Untersuchung und Bestimmung) bekannt geworden ist, kann man auf S. 3 meiner „Vergleichungs=Tafeln der Gewichte rc." näher angegeben finden.

§ 20. Der hier in Rede stehende Zweig der Handelsliteratur, das Maß=, Gewichts= und Münzwesen, ist einer der schwierigsten, mühevollsten und — undankbarsten. Man muß demselben, wegen der auf diesem Gebiete sich beständig ergebenden Veränderungen, eine unausgesetzte Aufmerksamkeit widmen; es sind dazu langjährige Vorarbeiten, sorgfältig angelegte und beständig fortgesetzte Sammlungen erforderlich, was alles nur durch bedeutende und kostspielige Hülfsmittel der in= und ausländischen Literatur, so wie durch einen ausgebreiteten und in vielen Fällen doch ganz erfolglosen Briefwechsel, erlangt werden kann; dazu kommt endlich die gewissenhafte und sorgfältige Prüfung des herbeigeschafften vorliegenden ganzen Materials, welche überdies häufige zeitraubende Berechnungen nöthig macht. Wenn man dieses alles bedenkt, und auf der andern Seite in Betracht zieht, daß das Nelkenbrecher'sche Taschenbuch das Schicksal gehabt hat, während eines halben Jahrhunderts fast bei jeder neuen Auflage auch einen andern Bearbeiter zu erhalten, so lag zwar in diesem Umstande ein nachtheiliger Einfluß auf das Werk selbst, welchem allein aber dessen zunehmende Unbrauchbarkeit nicht zugeschrieben werden kann. Daß ein solches Buch bisher immer noch Käufer finden konnte ist eine Erscheinung, die wohl nur in der kaufmännischen Literatur vorkommt, die aber dadurch erklärt wird, daß das zahlreiche Publikum, welches solche Bücher kauft, mit sehr wenigen Ausnahmen, den Werth derselben nicht beurtheilen kann. In dem Mangel an dem gehörigen Urtheil des kaufenden Publikums über solche Werke liegt größtentheils die Ursache, daß gerade in diesem Zweige des kaufmännischen Wissens der literarische Markt mit einer großen Anzahl höchst mittelmäßiger, ja werthloser Produkte überschwemmt wird.

§ 21. Gegen Ende des Jahres 1858 ist vom Nelkenbrecher'schen Taschenbuche der Münz-, Maß- und Gewichtskunde die achtzehnte Auflage (Berlin, 1858) erschienen, in welcher das Maß- und Gewichtswesen abermals einen neuen Bearbeiter (also den siebenten seit Gerhardt's Tode, oder seit der 10. Auflage) erhalten hat. Ich erwähne diese neueste Auflage hier besonders, da ich solche, in Ermangelung einer genauen Prüfung, selbstverständlich nicht mit in das über frühere Auflagen gefällte Urtheil einschließen konnte. Da es mir wegen zunehmender Augenschwäche oft schon schwer fällt, den vorliegenden von Pflicht und Neigung dargebotenen Arbeitsstoff zu bewältigen; so durfte ich es nicht wagen, eine solche anstrengende Prüfung jedes einzelnen Artikels, wie sie eine tiefer eingehende Kritik erfordert, jetzt vorzunehmen, und ich überlasse solche und ähnliche Arbeiten gern künftig jüngeren Kräften. Indessen konnte ich mir es doch nicht versagen, den metrologischen Theil des Artikels „Frankfurt am Main" (S. 141 bis 152) einer genauen Durchsicht zu unterwerfen, da ich begierig war zu erfahren, ob demselben ein besseres Loos in dieser neuen Auflage des Taschenbuches zu Theil geworden sey, als seinen Vorgängern in früheren Auflagen desselben. Ich bemerke darüber Folgendes.

Bei den Längenmaßen ist es zu bedauern, daß bloß durch (freilich nicht zu entschuldigende) Auslassungen und Verwechselungen bedeutende Unrichtigkeiten entstanden sind; dann kommen bei den Vergleichungen der Flächenmaße viele Irrthümer vor; aber bei den Gewichten findet sich ein fast unbegreiflicher Mißgriff. Das Gewichtswesen Frankfurts ist nämlich dargestellt, wie es in meinem „Frankfurter Geschäfts-Handbuche von 1845" steht, und zwar so, als wenn alle Gewichte, die damals (1845) bestanden haben, auch noch jetzt die gültigen wären. Von den auch in Frankfurt am Main seit dem Jahre 1857 auf gesetzlichem Wege ins Leben getretenen bedeutenden Veränderungen im Gewichtswesen ist also diesem Bearbeiter der 18. Auflage des Nelkenbrecher'schen Taschenbuches gar nichts bekannt geworden. Wer in diesem Werke über die Frankfurter Gewichte Auskunft sucht, findet mithin darin die alten abgeschafften Gewichte als die gegenwärtig gesetzlich bestehenden angegeben! So wenig diese unrichtige Darstellung des Frankfurter Maßwesens einen Maßstab für den Werth der übrigen Artikel des Buches abgeben kann, so ist sie doch geeignet, auch bei dem Gebrauche dieser 18. Auflage die nöthige Vorsicht anzurathen.

§ 22. Nach dem Beitritte Frankfurts zu dem deutschen Zollvereine (Januar 1836) fanden in den Maß-, Gewichts-, Münz-*) und Kurs-Verhältnissen, so wie in den Wechselgesetzen und Handels-Usanzen dieser Stadt viele, zum Theil sehr bedeutende Veränderungen Statt, und es wurden daselbst neue Anstalten zur Förderung des Handels ins Leben gerufen. Eine ausführliche und genaue, den Verhältnissen der Gegenwart gehörig entsprechende Darstellung der genannten Gegenstände war ein wirkliches Bedürfniß. Ich entschloß mich daher zur Bearbeitung einer solchen Schrift, und zwar um so mehr, als eine Darstellung sämmtlicher Gegenstände, wie ich sie zu geben beabsichtigte, für Frankfurt noch gar nicht vorhanden war. Sie erschien unter dem Titel: Frankfurter Geschäfts-Handbuch. Enthaltend die Maß-, Gewichts-, Münz-, Kurs- und Wechsel-Verhältnisse, wie auch die Handels-Usanzen und Handels-Anstalten

---

*) Ich richte mich hier, so wie an vielen andern Stellen dieser Schrift, nach dem Sprachgebrauche, nach welchem man von Maß, Gewicht und Münze und von einem Maß-, Gewicht- und Münzsystem redet, obgleich die beiden Wörter Gewicht und Münze eigentlich schon in dem Ausdrucke „Maß" enthalten sind, indem das Gewicht nur ein Maß der Schwere (oder des Stoffes), so wie die Münze nur ein Maß des Werthes ist.

der freien Stadt Frankfurt; nebst Beiträgen zur allgemeinen Maßkunde. Von Johann Friedrich Hauschild. Frankfurt am Main, Johann Philipp Streng, 1845. XVI und 222 S. gr. 8. Alles in Frankfurt auf den genannten Gebieten entstandene Neue, so wie alle auf denselben erfolgten vielen Veränderungen sind bis zum Schlusse des Jahres 1844 in dieses Werk aufgenommen worden.

§ 23. Unter den damaligen vielen Veränderungen in dem Gewichtswesen Frankfurts war eine der wichtigsten die im Jahre 1838 erfolgte gänzliche Abschaffung der seitherigen Frankfurter Kölnischen Mark, welche zu den schwersten der in den deutschen Münzstätten vorhandenen ungenauen Kopieen von der Kölnischen Mark gehörte. An deren Stelle trat die (scharf bestimmte) preußische (Kölnische) Mark, die in Folge der Münz-Konventionen von München (1837) und Dresden (1838) zur einzigen Münzmark der deutschen Zollvereinsstaaten (deutschen Vereinsmark) angenommen worden war. So wurde durch die Vereinbarung über das Münzwesen auch eine größere Uebereinstimmung in den deutschen Münzgewichten hergestellt. Durch diese Veränderung in der Größe der Frankfurter Mark war das aus zwei solcher Marken bestehende Frankfurter Pfund Leicht- oder Silbergewicht auch genau so schwer geworden, als das damalige preußische Pfund Handelsgewicht; eine Veränderung, welche aber für den gewöhnlichen Verkehr in den meisten Fällen ganz unberücksichtigt bleiben konnte, da 2300 alte Pfund Leichtgewicht = 2301 neue Pfund Leichtgewicht. Diese Veränderung in der Schwere des Frankfurter Gewichts veranlaßte nun auch eine neue gesetzliche Inhaltsbestimmung des Frankfurter Flüssigkeitsmaßes, so wie die Anschaffung neuer den richtigen Verhältnissen entsprechenden Originale. Der hiesige Münzwardein Rößler ermittelte im Januar 1842 den Inhalt des betreffenden Flüssigkeitsmaßes durch das Gewicht des dasselbe anfüllenden Wassers. Die Abwägung geschah in der Luft mit reinem Regenwasser, bei dessen größter Dichtheit. Um nun aus dem von Rößler gefundenen Gewicht des Wassers eine Vergleichung des Frankfurter Flüssigkeitsmaßes mit dem französischen Liter herzuleiten, habe ich mit jenem zuvor eine Reduktion auf **bestillirtes Wasser** und auf den **luftleeren Raum** vorgenommen, da die französische Bestimmung sich auf Beides bezieht.*) Die Ergebnisse, die ich hierdurch für die Größe der Frankfurter Flüssigkeits- und der auf diese sich gründenden Getreide-Maße in **französischen Litern** erhielt, sind seit dieser Zeit (1845) in die metrologischen Werke übergegangen. Man findet über diese Gegenstände in meinem genannten Buche die ausführlichsten und genauesten Angaben.

Die auf dem Titel dieses Buches erwähnten „Beiträge zur allgemeinen Maßkunde" (S. 155 bis 202) bilden eine eigene Abhandlung, in welcher die Maße (Raummaße, Schwermaße oder Gewichte und Werthmaße, oder Münzen) aus allgemeinen Gesichtspunkten, ihrem Wesen und ihrer Entstehung, ihren Zwecken und ihrem Gebrauche nach, betrachtet und dargestellt werden. Diese Beiträge sollen zum bessern Verständnisse des positiven Maßwesens (der praktischen Maßkunde), so wie zum Gebrauche bei Vorträgen über Metrologie in Handelsschulen, dienen.

§ 24. Gegen Ende desselben Jahres (1845) erschien auch eine neue Auflage meiner Wechselkunde unter dem Titel: Theoretisch-praktische Anleitung zur Wechselkunde. Von **Johann Friedrich Hauschild**. Dritte, verbesserte und vermehrte Auflage. Frankfurt am Main, Jäger'sche Buchhandlung, 1845. VI und 218 S. gr. 8. Mit zehn Wechselformularen.

§ 25. Der Gedanke an ein gemeinsames deutsches Maß-, Gewicht- und Münzsystem hat mich bei meinen schriftstellerischen Arbeiten in diesen Fächern oft beschäftigt; doch immer ohne große Hoffnung auf eine baldige Verwirklichung desselben. Als aber im Jahre 1848 das Streben nach Einheit in den verschiedenen deutschen Volksstämmen mächtig erwachte, da glaubte ich, daß dies der geeignete Zeitpunkt sey, mit meinen Entwürfen hervorzutreten. Ich überreichte daher der damals in Frankfurt am Main tagenden Nationalversammlung meinen besfalsigen Vorschlag, welcher auch im Buchhandel erschienen ist unter dem Titel: Vorschlag zu einem

---

*) Mein Verfahren bei diesen Reduktionen habe ich in dem „Frankfurter Geschäfts-Handbuche" (S. 70 und 71) genau angegeben.

allgemeinen deutschen Maß-, Gewicht- und Münz-System. Von Johann Friedrich Hauschild. Frankfurt am Main, Johann Philipp Streng, 1849. VI und 36 S. gr. 8.

Seitdem habe ich diesen Gegenstand in öffentlichen Blättern öfter zur Sprache gebracht, und die wichtige vaterländische Angelegenheit einer Münzeinigung dadurch nach besten Kräften zu fördern gesucht. Die in Wien zum Zweck einer deutschen Münzeinigung abgehaltene Münzkonferenz hat auch in dem vereinbarten Wiener Münzvertrage vom 24. Januar 1857 sowohl das von mir vorgeschlagene Münzgewicht (das Zollpfund oder halbe Kilogramm), als auch den von mir vorgeschlagenen Dreißig-Thalerfuß ebenfalls angenommen, den letztern aber nur für die Länder des Vierzehn-Thalerfußes (und ohne meine Eintheilung des Thalers in 100 Kreuzer zu 4 Pfennigen), während mein Vorschlag ein gemeinsames Maß-, Gewicht- und Münzsystem für ganz Deutschland mit Oesterreich, und also ein **allgemeines deutsches Münzsystem zugleich mit einem einheitlichen Maßsystem einzuführen** bezweckt.*)

§ 26. Aus meinem „Vorschlag" selbst, in welchem ich, unter ausführlicher Darlegung der Gründe, das französische metrische System zur Grundlage der von mir vorgeschlagenen neuen allgemeinen Maße und Gewichte Deutschlands angenommen habe, führe ich hier Folgendes an. In einem allgemeinen auf metrischer Grundlage beruhenden deutschen Maßsystem, dessen Gewichtseinheit das Zollpfund (= $\frac{1}{2}$ Kilogramm) ist, kann unsere sogenannte Kölnische Mark oder seitherige Vereins-Münzmark natürlich keinen Platz mehr finden, und ich habe daher (S. 16) ein und dasselbe Pfund, das Zollpfund, zum Handels-, Gold-, Silber- und Münzgewicht gewählt, und zwar mit zehntheiliger Eintheilung beim Münzwesen, für Gold- und Silberwa-

---

*) Meines Wissens ist die Idee eines Dreißig-Thalerfußes, auf der Grundlage des französischen halben Kilogrammes als deutschen Münzpfundes, mit zehntheiliger Eintheilung des letzteren, zuerst von mir der Öffentlichkeit übergeben worden. Das Verdienst der Priorität dieser Idee haben auch mehrere öffentliche Blätter, zur Zeit der in Wien abgehaltenen Münzkonferenz, ausdrücklich bemerkt und anerkannt.

ren, so wie für wissenschaftliche Zwecke. Für den Verkehr aber wird dieses Pfund, wie gewöhnlich, in 32 Loth, das Loth in 4 Quentchen, das Quentchen in halbe und Viertel=Quentchen eingetheilt.

Von den Grundsätzen, die ich für ein neues Münzsystem aufstellte, lautet der erste (S. 13): „Wenn von den jetzt bestehenden deutschen Münzeinheiten keine als neue Grundeinheit gewählt werden kann, so soll diese doch jenen Einheiten im Werthe möglichst nahe kommen." Da nun das neue Münzpfund sich zu der vorherigen Münzmark in den kleinsten ganzen Zahlen wie 7 zu 15 verhält; so ergibt sich aus diesem Verhältnisse für die neue Münzeinheit eine Größe, die im Werthe dem Thaler des bisherigen 14=Thalerfußes so nahe kommt, daß sie im neuen System für diesen gelten kann. In meinem „Vorschlag" setzte ich daher nach diesem Verhältnisse fest: „Aus dem Pfunde (dem halben Kilogramme) feinen Silbers werden dreißig Thaler geprägt; man kann diesen Münzfuß den Dreißig=Thalerfuß nennen."

§ 27. Da nach dem 14=Thalerfuße aus der Vereins=Münzmark (von 233,8555 Gramm) feinen Silbers 14 Thaler, hingegen nach dem 30=Thalerfuße aus dem neuen Münzpfunde (von 500 Gramm) feinen Silbers 30 Thaler geprägt werden; so ist der alte oder vorherige Thaler = 1,002238 neue Thaler. Die neue Währung des 30=Thalerfußes ist also um ziemlich genau $^2/_9$ Prozent geringer als die vorherige des 14=Thalerfußes, was einen Unterschied zum Nachtheile des neuen Thalers von ziemlich genau $^4/_5$ preuß. Pfennigen (genauer: 0,8057 preuß. Pfennigen) der neuen Währung ausmacht. Dieser kleine Werthunterschied zwischen den neuen und den alten Münzen kommt für den Verkehr nicht in Anschlag, und ist daher einer Gleichstellung dieser Münzen der beiden Münzfüße durchaus nicht im Wege.

§ 28. In meinem „Vorschlage" habe ich die Einheit des Längenmaßes, den Fuß, zu drei Zehntheilen des Meters (0,3 Meter) angenommen, mit zehntheiliger Eintheilung. Diese Länge weicht nicht sehr von dem Mittel aus den verschiedenen bisher in Deutschland üblichen Fußmaßen ab. Derselbe Fall findet bei der Elle Statt, die, nach meinem „Vorschlage," zwei Fuß (0,6

Meter) lang ist, und in Halbe, Viertel, Achtel und Sechzehntel eingetheilt wird. Die Klafter, für technische Ausmessungen, hat 6 Fuß oder 1,8 Meter. Die Ruthe, als geometrisches Längenmaß dienend, ist 10 Fuß oder 3 Meter lang. Der Morgen enthält 400 Quadrat=Ruthen oder 36 Aren. Die Ohm hat 80 Maß, die Maß hat 2 Liter und wird in 4 Schoppen getheilt. Das Malter enthält 128 Liter und wird eingetheilt in 4 Simmer, das Simmer in 4 Kumpf, der Kumpf in 4 Gescheid, das Gescheid in 4 Mäßchen. Die Gründe für jede angenommene Größe, so wie für jede gewählte Eintheilung und Benennung der Maße, Gewichte und Münzen meines Systems sind in dem erwähnten „Vorschlage" genau angegeben.

Es war mir nicht darum zu thun, ein theoretisch vollkommnes System aufzustellen, sondern ein praktisch brauchbares, für den Verkehr zweckmäßiges. Es mußte daher vor allem darauf Rücksicht genommen werden, daß die neuen Maße und Gewichte den Bedürfnissen und Kräften der Menschen, so wie der Beschaffenheit der zu messenden Gegenstände entsprächen, und daß solche den bisherigen Gewohnheiten des Volks so viel als möglich sich näherten. Auch dient der Umstand zur Empfehlung der vorgeschlagenen Maße und Gewichte, daß dieselben schon in mehreren deutschen Staaten wirklich eingeführt sind. Das von mir vorgeschlagene Münzsystem ist ebenfalls mit möglichster Berücksichtigung und Schonung der bestehenden Münzverhältnisse entworfen, so daß sich kein Theil des Vaterlandes dadurch verletzt fühlen würde.

§ 29. Zur Vervollkommnung des von mir vorgeschlagenen Maßsystems habe ich seit der Bekanntmachung desselben weitere Vorschläge und Bemerkungen in öffentlichen Blättern niedergelegt, und solche der Prüfung derjenigen Sachverständigen empfohlen, welchen die Feststellung unseres künftigen deutschen Maßsystems aufgetragen werden wird. Ich führe daraus hier das Folgende an.

Die beiden französischen Urgewichte (das gesetzliche Kilogramm der Archive und das Kilogramm der Sternwarte), aus

Platin verfertigt, besitzen nicht vollkommen gleiche Schwere, indem dieses von der französischen Kommission „nicht voll ein Milligramm" schwerer als jenes befunden ward.*) Nach dem letzteren (dem schwereren) sind die zu wissenschaftlichen Zwecken versandten Kilogramme berichtigt, namentlich diejenigen, die zur Grundlage bei Einführung des Halbkilogrammes als neuen deutschen Pfundes dienten. Das sind also lauter Kopieen einer selbst nicht ganz scharf bestimmten Kopie. Viele französische Gewichte, die in Deutschland gebraucht werden, sind aber auch aus der Pariser Münze bezogen, deren Gewichte noch etwas schwerer sind, als das Original der Sternwarte, weil alle für das Geschäftsleben bestimmten französischen Gewichte regelmäßig um Etwas innerhalb der Toleranzgrenze schwerer geeicht zu werden pflegen. Außer den erwähnten Uebelständen der französischen Urmuster kommt aber auch noch der Stoff, aus dem sie gefertigt sind (Platin), in Betracht, weil bei allen Metallgewichten nicht auf absolute Unveränderlichkeit zu rechnen ist. Diese und noch andere Mängel der Pariser Original-Etalons und der nach ihnen verfertigten Kopieen haben Schumacher, Steinheil, Chelius u. A. näher nachgewiesen. Es bleibt nun noch ein Weg übrig, um die genaue Größe des Kilogramms zu ermitteln, nämlich dasselbe nach der gesetzlichen französischen Bestimmung aus dem Gewichte eines Kubik-Dezimeters destillirten Wassers bei seiner größten Dichtigkeit, und im luftleeren Raume gewogen, abzuleiten. Aber auch dieser führt nicht zu dem gewünschten Ziele, weil durch eine solche Ableitung die erforderliche Genauigkeit nicht erreicht werden kann. Bessel hat gezeigt, daß die Einführung eines materiell darge-

---

*) Dessen ungeachtet hat die Kommission beide Kilogramme als identisch erklärt. (Base du système métrique décimal, Tome III. Paris 1810, p. 695, 696.) Dr. Steinheil fand aber im Jahre 1837 das Kilogramm der Sternwarte um 4,7 Milligramm schwerer als das gesetzliche Kilogramm der Archive. (Dr. C. A. Steinheil, Ueber das Bergkrystall-Kilogramm, auf welchem die Festsetzung des bayerischen Pfundes nach der allerhöchsten Verordnung vom 28. Februar 1809 beruht, München 1844; besonders abgedruckt aus den Abhandlungen der II. Klasse der Akademie der Wissenschaften. Band IV, Abtheil. I.)

stellten Gewichts viel zweckmäßiger ist, als seine Verweisung auf die Erklärung durch Raum und Wasser, und hält diese Erklärung für eine müssige; weil jenes Gewicht dieser Erklärung eben so wenig wirklich entsprechen könne, als der eingeführte Meter dem aus dem Erdquadranten abgeleiteten.*)

Den wissenschaftlichen Anforderungen an das Längenmaß ist wohl noch in keinem Staate in einer solchen Vollkommenheit entsprochen worden, als es in Preußen durch Bessel's meisterhafte Darstellung des preußischen Fußes geschehen ist. Für die wissenschaftliche Feststellung unserer künftigen deutschen Längeneinheit liegen uns also die gründlichen Arbeiten dieses Gelehrten zur Benutzung vor.

Wegen der erwähnten und noch anderer Mängel der Pariser Original-Etalons müssen wir daher für die Selbstständigkeit unserer deutschen Urmuster Sorge tragen, und diese nicht von den unsicheren französischen Originalen abhängig machen. Bei der früheren theilweisen Einführung des Halbkilogrammes als deutschen Pfundes ist für die Sicherheit eines gemeinsamen deutschen Originals gar nichts geschehen.**)

Nach diesen vorgetragenen Bemerkungen wiederhole ich hier die folgenden schon früher gemachten Vorschläge:

1) Es soll die Länge von drei Zehntheilen des französischen

---

*) Man sehe die höchst interessante Abhandlung: „Ueber Maass und Gewicht im Allgemeinen und das preussische Längenmaass im Besonderen von F. W. Bessel," welche in dem „Jahrbuch für 1840, herausgegeben von H. C. Schumacher. Stuttgart, 1840." (8.) enthalten ist. Dieselbe steht nochmals abgedruckt in dem Werke: Populäre Vorlesungen über wissenschaftliche Gegenstände von F. W. Bessel. Nach dem Tode des Verfassers herausgegeben von H. C. Schumacher. Hamburg, 1848. gr. 8.

**) Nach den Beobachtungen und Erfahrungen von Dr. Steinheil eignet sich Bergkrystall in jeder Beziehung ganz vorzüglich zur Anfertigung von Urgewichten, und ist von demselben auch schon mehrmals dazu benutzt worden. Die genaueste Kopie, die von dem Original-Kilogramm je gemacht worden ist, ist das durch Dr. Steinheil hergestellte Bergkrystall-Kilogramm, das derselbe im Jahre 1837 zu Paris mit dem gesetzlichen Platin-Kilogramm der Archive mit allen von der Wissenschaft gebotenen Rücksichten verglichen hat.

Meters in der größten Schärfe, welche jetzt erreichbar ist, festgestellt und in einem möglichst unveränderlichen Urmaße wiedergegeben werden. Sobald dies geschehen, wird dieses Maß als ein **selbstständiges** Maß erklärt, durch welches allein die Länge des deutschen Fußes bestimmt werden soll, unabhängig von jedem andern Urmaße, und also ohne fernere Beziehung auf den französischen Meter.

2) Es soll (in gleicher Weise wie es mit dem Urmaße des preußischen Fußes vom Jahre 1837 geschehen ist) dafür gesorgt werden, daß mit gleicher Schärfe und ohne Abnutzung des Urmaßes zahllose Kopieen davon genommen werden können.

3) Die Einheit des allgemeinen deutschen Gewichtes (des Pfundes) soll mit der größten erreichbaren Schärfe einem französischen halben Kilogramme gleich gemacht und in einem möglichst unveränderlichen **Urmuster** dargestellt werden. Sobald dies geschehen, wird dieses Gewicht als ein **selbstständiges** Gewicht erklärt, das niemals mehr verändert werden kann, und jede fernere Beziehung desselben auf das französische Maßsystem hört auf.

4) Es sollen die nöthigen Einrichtungen getroffen werden, durch welche eine sichere und leichte Vervielfältigung des Urgewichts zu erreichen ist.

5) Von einem sogenannten unveränderlichen Naturmaße, welches dem deutschen Fuße zu Grunde liegt, kann hierbei keine Rede seyn; eben so wenig soll die Bestimmung der deutschen Gewichtseinheit in einer Erklärung durch Raum und Wasser gegeben werden.

§ 30. Was die Einführung eines allgemeinen deutschen **Längenmaßes** betrifft, so ist schon früher von einigen Seiten, und im September 1858 wieder von dem Ober-Ingenieur Wilh. Nörblinger in seiner „Ansprache an die Versammlung deutscher Architekten und Ingenieure zu Stuttgart"[*] in Betreff der Einführung eines allgemeinen deutschen Maßsystems, vorgeschlagen worden, den französischen Meter als allgemeines deutsches Längen-

---

[*] S. Wilh. Nörblinger, Ansprache an die Versammlung deutscher Architekten und Ingenieure zu Stuttgart im September 1858, über Einführung des metrischen Maß- und Gewicht-Systems in Deutschland. Stuttgart, 1858. gr. 8.

maß einzuführen, so daß derselbe an die Stelle des Fußes und der Elle treten würde. Der Architekt, der Ingenieur, der Astronom, der Physiker und Chemiker werden gegen diesen Vorschlag schwerlich etwas einzuwenden haben, indem ihre Anforderungen an die Längeneinheit sich hauptsächlich nur auf die genaue Feststellung derselben beschränken. Aber ein allgemeines deutsches Maßsystem ist nicht nur für die Männer der Wissenschaft, sondern vorzüglich und zunächst für das Volk, für Handel und Verkehr bestimmt.*)

§ 31. Die absolute Größe der Maßeinheiten ist zwar etwas willkürlich Angenommenes; aber aus den oben (§ 28) angeführten Gründen ist diese Größe doch immer in gewisse nicht weit von einander entfernte Grenzen eingeschlossen, welche nicht überschritten werden dürfen, wenn die Maße und Gewichte die rechte Brauchbarkeit für das praktische Leben gewähren sollen. Diese Brauchbarkeit fehlt nun dem metrischen System Frankreichs sehr. Der Meter, die Hektare, die Are, der Stere, der Hektoliter haben keine bequeme Größen für den Bedarf im gemeinen Verkehr, und das Kilogramm ist eben so wenig aus den Bedürfnissen des täglichen Lebens hervorgegangen als der metrische Zentner von 100 Kilogramm. Die Frage, ob das unveränderte metrische System mit seinen Einheiten, seinen Benennungen und seinen Eintheilungen geeignet sey, in Deutschland eingeführt zu werden, habe ich schon vor mehr als vierzig Jahren in öffentlichen Blättern mit Nein beantwortet, und zwar aus denselben Gründen, aus welchen ich solche noch jetzt verneine. Schon die Grundeinheit des Systems, der Meter, hat eine unschickliche Größe, welche von dem in allen deutschen Staaten üblichen Fußmaße, an dessen Stelle sie treten soll, zu sehr abweicht, und welche daher

---

*) Auch bei der zweiten Versammlung der „Wirthschaftlichen Gesellschaft für Nordwestdeutschland," welche in Bremen im Januar 1860 Statt fand, wurde in den Verhandlungen über Einheit im Maßwesen das reine Metermaß als deutsche Maßeinheit sehr empfohlen; die Mehrheit der Abstimmenden entschied indessen für eine Fußlänge von drei Zehntheilen des Meters mit zehntheiliger Eintheilung. (S. die 2 Beilagen zu Nr. 432 des Bremer Handelsblattes vom 21. Januar 1860.)

nicht als erstes Maß in das praktische Leben eingeführt werden kann. Daher hat man in mehreren deutschen Staaten bei den vorgenommenen Maßreformen das in vieler Hinsicht vortreffliche metrische System wohl zur Grundlage, aber weder seine Einheiten, noch seine Benennungen, noch seine Eintheilungen selbst angenommen.*) Dabei wurde hinsichtlich der letzteren zwar das Dezimalsystem möglichst berücksichtigt, die nöthigen Halbirungen aber sind überall beibehalten worden, wo die zehntheiligen Stufen für die Bedürfnisse des täglichen Lebens nicht brauchbar waren.

§ 32. Zum bessern Verständnisse dieser Schrift halte ich es für zweckdienlich, in Betreff des französischen metrischen Systems hier noch das Folgende zu erwähnen. Dieses System sollte bekanntlich auf ein sogenanntes Naturmaß, als auf eine unveränderliche und, wenn nöthig, immer wieder auffindbare Größe, gegründet werden, und man wählte dazu die Länge des Quadranten (Viertels) eines Erdmeridians. Der zehnmillionste Theil desselben wurde als Grundeinheit des neuen Systems unter dem Namen „Meter" (Mètre) angenommen, und es ergab sich für denselben aus der zu diesem Zwecke unternommenen Gradmessung eine Länge von 443,295936 Linien der Pariser Normal=Toise, Toise von Peru genannt, wofür 443,296 solcher Linien **gesetzlich** angenommen wurden. Diese letztere Größe ist also die **wahre Länge des in Frankreich** seit dem Jahre 1799 eingeführten Meters. Durch diese gesetzliche Bestimmung ist aber eine Abänderung in der Länge des Meters, welche sich aus späteren genaueren Gradmessungen ergeben könnte, gänzlich ausgeschlossen, und er ist nicht als aus dem Erdquadranten, sondern als aus der Toise von Peru abgeleitet anzusehen, welche eigentlich die Grundlage des neuen französischen Maßes geblieben ist. Der Meter

---

*) Was die wenigen Versuche betrifft, das unveränderte metrische System Frankreichs auch auf deutschen Boden zu verpflanzen (1808—1811), so ist es damit entweder bei der bloßen Verordnung geblieben oder nur zu einem unbedeutenden Anfang der wirklichen Einführung gekommen, und die Sache längst vergessen. So in dem ehemaligen Großherzogthum **Frankfurt**, in dem Großherzogthum **Hessen** und in dem ehemaligen Königreich **Westphalen**. Vergl. die §§ 42 und 51.

hat also dadurch die Eigenschaft eines **natürlichen** Maßes verloren und ist in die Reihe der **konventionellen** (durch Uebereinkommen festgesetzten) Maße getreten. Nach unserer jetzigen Kenntniß der Größe der Erde würde die Länge des Meters, als **zehnmillionster Theil des Erdquadranten**, schon eine kleine Vergrößerung erfahren müssen. Laut Bessel's im Jahre 1841 bekannt gemachten, auf die genaue Untersuchung von zehn Gradmessungen gegründeten Bestimmungen, beträgt diese Vergrößerung 0,038 Pariser Linien. Der Meter hätte also nach Bessel, statt zu 443,296 Pariser Linien, was seine gesetzliche Länge ist, zu 443,334 solcher Linien festgesetzt werden sollen.*) Es ist auch nicht zu bezweifeln, daß jede hinzukommende neue Gradmessung wieder eine andere Länge desselben ergeben würde.

Daß ein gutes Maßsystem durchaus auf ein **natürliches Maß** (sogenanntes Naturmaß) gegründet seyn müsse, davon war man noch in neuerer Zeit so sehr überzeugt, daß mehrere deutsche Staaten, die das französische metrische Maß und Gewicht zur Grundlage ihres neuen Maßsystems wählten, in den betreffenden Gesetzen die wissenschaftliche Begründung und Feststellung desselben durch ein unveränderliches Naturmaß ausdrücklich erwähnten. Die Idee eines solchen muß aber ganz aufgegeben werden, nachdem Bessel**) überzeugend nachgewiesen hat, daß die sogenannten Naturmaße eigentlich **keine** sind und daher **keinen** Vorzug vor jedem andern Maße haben, so wie, daß der Besitz eines **wirklichen Naturmaßes** unerreichbar ist. Das franz. metrische System hat also beswegen, weil es auf einem sogenannten Naturmaße beruht, gar keinen Vorzug vor einem andern Maßsystem.

§ 33. Auf dem Gebiete des Maß-, Gewichts- und Münzwesens fallen zwar, der Natur der Sache nach, von Zeit zu Zeit Veränderungen vor; diese sind aber in den letzten Jahren so zahlreich und bedeutend gewesen, als es in einem sehr langen Zeit-

---

*) S. Schumacher's Astronomische Nachrichten. Bd. XIX. Nr. 438. Altona, 1842. S. 97—116. Man vergleiche auch Humboldt's Kosmos. Bd. IV. Stuttgart, 1858. S. 21 und 151—153. Anmerk. 7.

**) In einer Abhandlung, die in der auf S. 29 befindlichen ersten Note angegeben ist.

raum der Fall nicht war, so daß die Werke über diese Gegenstände durch Zusätze und Nachträge ergänzt, oder gänzlich umgearbeitet werden müssen, wenn sie nicht einen großen Theil ihrer Brauchbarkeit verlieren sollen. Auch sind die Gegenstände, die in Werken dieser Art in neuerer Zeit behandelt werden (Staatspapiere und Anleihen, Wechsel-, Geld-, Obligations- und Aktienkurse, Banken und andere Handelsanstalten, Industrie-Gesellschaften, Handelsusanzen), so zahlreich geworden, daß solche Bücher außerordentlich an Umfang zunehmen müssen, wenn den Hauptfächern, dem Maß- und Münzwesen, der gehörige Raum nicht geschmälert werden soll. Die Bearbeitung dieses Zweiges der Handelsliteratur wird dadurch immer schwieriger und mühevoller (vergl. § 20), weshalb auch auf diesem Gebiete kein Ueberfluß an solchen Büchern vorhanden ist, die alle Ansprüche befriedigen. Um so mehr ist hier ein Werk zu nennen, das sich durch Vollständigkeit, Gründlichkeit und Zuverlässigkeit auszeichnet, und welches bei der größten praktischen Brauchbarkeit auch den Forderungen der Wissenschaft Genüge leistet. Dieses im Herbste 1858 zum Abschlusse gelangte Werk hat den Titel: Münz-, Maass- u. Gewichtsbuch. Das Geld-, Maass- und Wechselwesen, die Kurse, Staatspapiere, Banken, Handelsanstalten und Usanzen aller Staaten und wichtigern Orte. Von Christian Noback und Friedrich Noback. Leipzig: F. A. Brockhaus, 1858. XLIV und 1080 S. gr. 8.

§ 34. Unter den zahlreichen auf diesem Gebiete vorhandenen Büchern, welche die hierher gehörenden Gegenstände in einer gedrängteren Darstellung auf einem beschränkteren Raume geben, hat sich eins eine lange Reihe von Jahren durch wiederholte Neubearbeitungen immer auf dem Standpunkte der Gegenwart zu erhalten gesucht. Es hat den Titel: G. Th. Flügel's Cours-Zettel, fortgeführt als Handbuch der Münz-, Maß-, Gewichts- und Usancenkunde, so wie des Wechsel-, Bank-, Staatspapier- und Aktienwesens europäischer und außereuropäischer Länder und Städte. Zehnte, gänzlich umgearbeitete Auflage. Herausgegeben von L. F. Huber. Nebst einem Anhang: Die Fonds- und Aktienbörse von Dr. H. Scherer. Frankfurt am Main, Jäger'sche Buchhandlung, 1859. 29 Bogen gr. 8. Der Anhang von Dr. Scherer, enthaltend eine praktische Darstellung des Börsenhandels und der Börsengeschäfte, der verschiedenen Arten der Kapitalanlage und Spekulation, nebst einer erklärenden Statistik der Mobiliarwerthe, so wie einen Aufsatz über die amerikanischen Fonds und Effekten von M. A. Peiser, ist eine schätzbare u. zeitgemäße Beigabe zu dem Werke.

§ 35. Wenn ich am Schlusse dieser Einleitung zur Vervollständigung meiner oben erwähnten Lebensschicksale noch einige Familiennachrichten hinzufüge, so glaube ich dadurch nur einer Pflicht zu genügen. Nachdem in einer langen Reihe von Jahren in unserm kleinen Familienkreise keine Lücken durch Todesfälle entstanden waren, sollte auch diese herbe Erfahrung von uns gemacht, der enge Kreis zerrissen werden, und zwar zuerst an einem in jugendlicher Kraft blühenden Leben, an unserm einzigen Kinde, Bertha Elise (geboren den 25. Juni 1822), welche seit dem 12. Juni 1843 mit dem großherzogl. hessischen Pfarrer Heinrich Hermann Finck, jetzt in Bauschheim (bei Mainz), verheirathet war. Die geliebte Tochter, die glückliche Gattin, die treue Mutter ihrer Kinder, sie ward uns allen, am sechzehnten Tage nach der Geburt ihres vierten Kindes, den 8. Juni 1851, durch den Tod entrissen. Ein Denkmal von Stein deckt ihre Ruhestätte auf dem Bauschheimer Friedhofe, aber ein kostbareres, ein unvergängliches, hat sie sich in den Herzen ihrer Lieben gesetzt.

Nur wenige Jahre später sollte in dem engen Kreise schon wieder eine Stelle leer, der Trennung Schmerz abermals empfunden werden. Am 24. Oktober 1855 starb in Bauschheim meine liebe Frau, Marie (geboren den 4. April 1793), an einem Hirnschlage, nachdem sie schon einige Jahre leidend gewesen war. Die sterbliche Hülle der theuren Entschlafenen ruht zwar nicht in heimathlicher Erde, aber sie ruht in der Nähe des ihr vorangegangenen geliebten Kindes. Doch unbesorgt um den Ort, dem einst unser sterblicher Theil zurückgegeben werden wird, sprechen wir in Uebereinstimmung mit dem Dichter:

Zum Staube zieht der Staub,
Zum Geiste zieht der Geist.

II. Maßwesen.

§ 36. Die Ungleichheit und Mannichfaltigkeit der Maße und Gewichte in Deutschland war noch am Anfange dieses Jahrhunderts außerordentlich groß. Beinahe jede Provinz eines Landes, häufig jede Stadt, hatte ihre eigenen Maße und Gewichte; und oft waren in einem und demselben Orte sogar besondere Maße und Gewichte für gewisse Gegenstände eingeführt, z. B. besondere Maße für Seidenzeuge, Tuchwaren ꝛc., so daß in demselben Laden für verschiedene Stoffe auch verschiedene Ellenmaße angewendet wurden (und sogar jetzt noch werden), z. B. der Pariser Stab und die brabanter Elle neben der Ortselle; besondere Maße für die verschiedenen Fruchtgattungen, so wie für Bier, Wein, Branntwein und Öl. Die größte Verschiedenheit fand sich wohl bei den Gewichten; denn da hatte man nicht bloß besondere Gewichte für Gold, Silber, Juwelen und Arzeneien, sondern auch für viele gewöhnliche Handelsartikel, wie Brod, Mehl, Fleisch, Butter, Fische, Schokolate, Wolle, Heu ꝛc. Sogar die Schwere geprägter Goldstücke hat man zu eigenen Gewichten erhoben, wie das Kronen- und das Dukaten-Gewicht.[*]) Dazu kam, daß man häufig nicht einmal die genaue Größe der eigenen Maße und Gewichte kannte.

Bei diesen Verschiedenheiten war man oft von sonderbaren Grundsätzen ausgegangen, so wie jene überhaupt aus mancherlei Ursachen entstanden waren. Hier wollte man durch ein schwereres Gewicht dem Einkäufer, dort durch ein leichteres dem Verkäufer einen Vortheil zuwenden. Hier geschah die Veränderung, um eine Konkurrenz abzuwehren, dort sollte sie eine besondere Auflage

---

*) S. mein Frankfurter Geschäfts-Handbuch, S. 33 f.

erſetzen, u. ſ. w. Doch ſind auch manche Gewichte zugleich mit den Waren oder Einrichtungen aus fremden Ländern angenommen worden, andere Verſchiedenheiten ſind bloße Ausartungen, als eine Folge des früheren Mangels an Eichgewichten, viele ſind aus Eigennutz, Bequemlichkeit und Unkunde entſtanden. Eine Verſchiedenheit anderer Art fand bei der Eintheilung der Maße und Gewichte, beſonders der letzteren, Statt. Es gab Zentner von 100, 104, 106, 108, 110, 112, 114, 116 und 120 Pfund; Pfunde von 32, 34, 36 und 40 Loth ꝛc. Konnte oder wollte man für manche Geſchäftszweige keine eigenen Gewichte einführen, ſo wurde doch eine beſondere Unterabtheilung derſelben für jene gebildet, um ihnen wenigſtens in dieſer Hinſicht eine Gewichtseigenthümlichkeit zu verſchaffen. Ich erinnere nur an die mancherlei Eintheilungen unſeres ehemaligen deutſchen Münzgewichtes, der Kölniſchen Mark.*) Man hätte wirklich gerade ſolche Einrichtungen treffen müſſen, wenn man abſichtlich Unordnung und Verwirrung in den Verkehr hätte bringen wollen. Es befanden ſich z. B. früher in dem Großherzogthum Baden 112 verſchiedene Ellen, 92 verſchiedene Flächen= oder Feldmaße, 65 verſchiedene Holzmaße, 163 verſchiedene Fruchtmaße, 123 verſchiedene Ohm= oder Eimermaße, 63 verſchiedene Wirths= oder Schenkmaße und 80 verſchiedene Pfundgewichte; in dem Großherzogthum Heſſen beſtanden ſonſt 40 verſchiedene Ellen, 129 verſchiedene Fruchtmaße, 77 verſchiedene Ohmmaße ꝛc.

§ 37. Dieſe großen Verſchiedenheiten erſchwerten den Verkehr und die polizeiliche Aufſicht, veranlaßten Irrungen, erleichterten Betrügereien und hatten überhaupt ſo viele Unbequemlichkeiten in ihrem Gefolge, daß das Drückende eines ſolchen Zuſtandes und die Nothwendigkeit einer Verbeſſerung des Maßweſens in Deutſchland ſchon längſt gefühlt und laut ausgeſprochen wurde. Was einzelne ſachkundige Männer zur Erleichterung und Abhülfe dieſer Mängel geleiſtet haben, liegt größtentheils in den Schriften derſelben aufgezeichnet vor uns. Ein wichtiger Schritt zum Beſſern iſt endlich dadurch geſchehen, daß viele deutſche Regierungen bemüht waren, das Maßweſen in ihren Staaten zu ordnen, wo=

---

*) S. mein Frankfurter Geſchäfts-Handbuch, S. 30 u. flg.

durch die bis dahin sogar in einem und demselben Lande bestandene nachtheilige Verschiedenheit aufgehoben und eine durchgängige Gleichheit der Maße und Gewichte wenigstens innerhalb eines Staatsgebietes hergestellt wurde. Eine sehr große Menge der verschiedenartigsten Maße und Gewichte ist dadurch ganz aus dem Verkehre verschwunden. Diese Vereinfachung war aber auch alles, was man in Deutschland zu erreichen bis dahin für möglich hielt: Gleichförmigkeit der Maße und Gewichte in jedem einzelnen Staate. Die verschiedenen deutschen Staaten, in denen solche gründliche Maßverbesserungen erfolgt sind, sollen nun hier aufgeführt werden (mit Angabe mancher die letzteren ausführlicher behandelnden Schriften), doch ohne Berücksichtigung der neuesten Veränderungen im Gewichtswesen, von welchen weiter unten die Rede seyn wird.

§ 38. Im Königreiche Würtemberg wurde das alte vaterländische Maß und Gewicht vom Jahr 1557*), welches im Laufe der Zeit manche Ausartung erlitten hatte, nach den in Stuttgart vorhandenen alten Originalen wieder hergestellt, und (mit einigen Abänderungen) durch ein königl. General-Reskript vom 30. November 1806 in ganz Würtemberg eingeführt.

Im Königreiche Baiern sind durch die Verordnung vom 28. Februar 1809 und mehrere nachträgliche Verordnungen vom Jahre 1811 gleichförmige Maße und Gewichte festgesetzt und vom 1. Oktober 1811 an, und beziehlich etwas später, im ganzen Lande eingeführt worden; nur in der baierischen Rheinpfalz besteht noch, mit geringen Abänderungen, das französische Maß und Gewicht. Es verdient hier bemerkt zu werden, daß das baierische Normal-Pfund nach der gesetzlichen Bestimmung vom 28. Februar 1809 durch Dr. Steinheil in München aus seinem (im Jahre 1837 zu Paris mit dem Kilogramm der Archive genau verglichenen) Bergkrystall-Kilogramm abgeleitet und (in offiziellem Auftrage) das Urgewicht aus Bergkrystall hergestellt worden ist.**) Sonach

---

*) Durch eine Verordnung vom 31. März 1557 hatte schon der Herzog Christoph von Würtemberg einerlei Maß und Gewicht im ganzen Lande eingeführt.

**) Man sehe darüber § 29.

ist also die baierische Gewichtseinheit (= 0,56 franz. Kilogramm) in einem scharf bestimmten, unveränderlichen gesetzlichen Originale vorhanden.

§ 39. Das badische neue Maßsystem ist von dem geheimen Hofrathe Mich. Friedr. Wild zu Müllheim im Breisgau entworfen worden. Derselbe hat auch, in offiziellem Auftrage, die sämmtlichen früheren sehr verschiedenen Maße und Gewichte des Großherzogthums Baden an Ort und Stelle in den Originalen selbst untersucht und mit den neuen verglichen. Das neue Maßsystem wurde am 10. November 1810 für das ganze Großherzogthum verordnet, die wirkliche Einführung desselben geschah aber nur nach und nach, und wurde erst im Jahre 1831 ganz vollendet.*)

§ 40. Die Wiener Klafter ist die Grundlage der österreichischen Maße. Von dem ehemaligen Urmaße derselben wurde ein neues damit übereinstimmendes Original verfertigt und durch Dekret der k. k. Landesregierung vom 20. April 1816 als Normalmaß der Wiener Klafter, bei der Temperatur von + 13° Réaumur, zum amtlichen Gebrauche erklärt. Da man das seit 1760 bis auf die neuere Zeit gebrauchte, von Liesganig bestimmte und von Vega bestätigte, Verhältniß der Wiener Klafter zur Pariser Toise (und dann auch später zum Meter), welches also auf älteren Vergleichungen beruhte, nicht mehr für hinreichend genau und dem gegenwärtigen wissenschaftlichen Bedürfnisse vollkommen entsprechend hielt; so wurden auf verschiedenen Wegen mit großer Sorgfalt und Vorsicht Untersuchungen deshalb angestellt, welche folgendes Verhältniß ergaben:

1 Wiener Klafter = 1,8966657 franz. Meter,

---

*) a) M. F. Wild, über allgemeines Maß und Gewicht, aus den Forderungen der Natur, des Handels, der Polizei und der gegenwärtig noch üblichen Maße und Gewichte abgeleitet. In zwei Theilen. Freiburg im Breisgau, 1809. gr. 8.

b) Maßordnung für das Großherzogthum Baden, vom 2. Januar 1829. 4. (Großherzoglich-Badisches Staats- und Regierungs-Blatt. Nr. II, v. J. 1829. S. 5—24.)

c) Chelius, Maß- und Gewichtsbuch, 8. Auflage. S. 102, 247, 362 u. 378.

nach welchem der Wiener Fuß, als der sechste Theil der Klafter, 316,111 Millimeter lang ist.

Da den österreichischen Maßgrößen die Wiener Klafter zu Grunde liegt, so wurden durch diese neuere (Stampfer'sche) Vergleichung der letzteren mit dem Meter Abänderungen in meinen Berechnungen der österreichischen Maße, welche ich in dem Maß- und Gewichtsbuche von Chelius, 3. Auflage, und in Schiebe's Universal-Lexikon der Handelswissenschaften unter dem Artikel „Wien" gegeben habe, nöthig gemacht. Diese Abänderungen betreffen die österreichischen Längen-, Flächen-, Hohl- und Körpermaße, und ich habe solche in meinem „Frankfurter Geschäfts-Handbuche p. J. 1845" S. 68 genau angegeben.

Die niederösterreichischen oder Wiener Maße und Gewichte gelten laut kaiserlichen Verordnungen seit August 1858 in allen Kronländern der österreichischen Monarchie, mit Ausnahme des Venetianischen, als die allein gesetzlichen Maße und Gewichte.*)

---

*) a) Jahrbücher des k. k. polytechnischen Institutes in Wien, von Prechtl. 20. Band. Wien, 1839. Darin die Abhandlung: „Ueber das Verhältniss der Wiener Klafter zum Meter. Von S. Stampfer, Professor am k. k. polyt. Institute."

b) Abriß der Maßkunde. Von Johann Rogner. Wien, 1860. gr. 8. Wenn der Verfasser dieser Schrift auf S. 15 derselben sagt: „Die von Kaiser Karl V. anno 1524 im deutschen Reiche eingeführte und zu Köln aufbewahrte Münzmark heißt Kölner (wahre köln.) Mark....", ferner auf S. 39: „Bis zum Jahre 1857 galt seit 1524 in sämmtlichen deutschen Staaten die kölnische Mark als Münzgewicht, und es war 1 köln. Mark = 233,8123 Gramm"; so finde ich mich veranlaßt, darüber hier Folgendes zu bemerken. Ueber das absolute Gewicht der echten Kölnischen Mark sind in einem Zeitraum von mehr als hundert Jahren viele genaue Untersuchungen angestellt worden, deren Ergebnisse aber nicht gehörig mit einander übereinstimmen. Dieser Mangel an Uebereinstimmung ist indessen sehr leicht daraus zu erklären, daß das Vorhandenseyn des wahren Originals der Kölnischen Mark (unter den in Köln aufbewahrten Gewichten) sich nicht mit zweifelloser Gewißheit behaupten läßt, und die Frage, wie schwer dieselbe damals (1524) eigentlich gewesen sey, als sie gesetzlich die allgemeine Münzmark der Deutschen wurde, also auch nicht sicher beantwortet werden kann. Die letzte Untersuchung über diesen Gegenstand ist von dem geschickten Mechanikus Christian Hoffmann zu Leipzig, einem im Theoretischen eben so wie im Praktischen der Metrologie

§ 41. Durch die „Maß- und Gewichtsordnung für die preußischen Staaten vom 16. Mai 1816" sind die Maße und Gewichte für sämmtliche preußische Staaten gleichförmig festgesetzt worden. Die Grundlage des Systems ist der preußische Fuß, unter welcher Benennung der seit 1773 gesetzlich eingeführte sogenannte rheinländische Werkfuß verstanden wird. Die Länge desselben beträgt 139,13 Pariser Linien bei $+$ 13 Grad Réaumur ($=$ 313,8535 Millimeter bei 0 Grad R.). Er wird in 12 Zoll zu 12 Linien eingetheilt. Zufolge der in der genannten Maß- und Gewichtsordnung vorgeschriebenen Bestimmung der Länge des einfachen Sekundenpendels für Berlin, als eines Mittels, durch welches die angenommene Längeneinheit zu allen Zeiten, bei entstehenden Zweifeln, wieder erlangt werden könne, erhielt Bessel im Jahre 1835 von der preußischen Regierung den Auftrag, Maßregeln für die Regulirung des preußischen Längenmaßes zu ergreifen. Nachdem diese noch fehlende Bestimmung der Pendellänge ausgeführt war, erschien unterm 10. März 1839 das „Gesetz über das Urmaß des preußischen Staats im Verfolge des Gesetzes vom 16. Mai 1816." In demselben wird als Urmaß der preußischen Längeneinheit dasjenige Exemplar ausschließlich anerkannt, welches im Jahre 1837 aufs neue aus dem alten Pariser Fuß nach der gesetzlichen Vorschrift

---

sehr erfahrenen Sachkenner, in Köln selbst im August 1829 vorgenommen worden. Derselbe reisete nämlich (zum Behufe einer gründlichen Regulirung der Leipziger Münzgewichte) in offiziellem Auftrage nach Köln, um daselbst eine genaue Kopie der Kölnischen Mark zu entnehmen. Er fand diese letztere $=$ 233,8123 Gramm. Hr. Hoffmann übersandte mir alle auf diese seine Untersuchung Bezug habende Papiere, und setzte mich dadurch in den Stand, sein hierbei beobachtetes Verfahren ꝛc. ausführlich mittheilen zu können. Ich that dieses zuerst in einer kleinen Abhandlung: „Die neueste Bestimmung der Kölnischen Mark, mit Hinsicht auf frühere Bestrebungen für den gleichen Zweck" (in meinen Vergleichungs-Tafeln der Gewichte ꝛc. S. 39—46). Die Bestimmung der Kölnischen Mark zu 233,8123 Gramm ist also von Hoffmann, und erst im Jahre 1829 erfolgt. Sie galt in dieser Schwere gesetzlich auch nur in Leipzig, welche Schwere aber Rogner dem Urgewichte der Kölnischen Mark seit 1524 irrthümlich beilegt. Vergleiche § 57, Note.

abgeleitet worden ist.*) Durch die ermittelte Länge des einfachen Sekundenpendels in Berlin von 456,1626 Linien (= 3 Fuß 2 Zoll 0,1626 Linien) in preußischem Maße ist nun für die Zukunft die Länge des preußischen Fußes, unabhängig von jedem andern Urmaße, bestimmt.

Das seitherige preußische Medizinalpfund enthält 24 Loth des früheren preußischen Handelsgewichts und wiegt 350,78326 französische Gramm. In der vierten Ausgabe der Pharmacopoea Borussica v. J. 1827**) steht aber irrthümlich (aus einer früheren Bestimmung***) des preußischen Pfundes hergeleitet) die Zahl: 350,78348, welche Unrichtigkeit ich in meinem „Frankfurter Geschäfts-Handbuch", Seite 78, schon erwähnt habe. Dieselbe unrichtige Zahl findet man in der fünften Ausgabe der preußischen Pharmakopöie v. J. 1829, so wie in der sechsten Ausgabe v. J. 1846; auch ist solche eben so in die deutsche Uebersetzung dieser letzten Ausgabe vom Professor Dr. Gurlt (Berlin, 1847) übergegangen. Diese Abweichung der preußischen Landes-Pharmakopöie von der richtigen Bestimmung des Medizinalpfundes hat zwar auf die Anfertigung des Gewichts selbst keinen Einfluß, da für diese die Uebereinstimmung der beiden Angaben bis auf die Milligramme hinreichend ist. Dessen ungeachtet ist die öffentliche Erwähnung und Berichtigung eines solchen in einem amtlichen Werke befindlichen Irrthums in der Angabe eines Gewichts, das so genau bestimmt ist, wie das preußische, um so

---

*) Von dem preußischen Längenmaße kann man nun (durch die Königl. Normal-Eichungs-Kommission in Berlin) authentische Kopieen erhalten, welche unmittelbar durch Vergleichung mit dem Urmaße und nicht mit einer vermittelnden Kopie erlangt werden, und welche, nach den ergriffenen Maßregeln, selbst für die feinsten wissenschaftlichen Messungen die vollste Befriedigung gewähren.

**) Das alte Nürnberger Medizinalgewicht war im Jahre 1786 auch für Preußen als Normal-Medizinalgewicht festgesetzt worden, und bestand daselbst gesetzlich noch im Jahre 1813, in welchem die dritte Ausgabe der preußischen Pharmakopöie erschienen ist. Vergl. § 68 am Ende.

***) Diese Bestimmung findet man angegeben im letzten Absatze der Note auf Seite 322 des Maß- und Gewichtsbuches von Chelius. Dritte Auflage. 1830.

weniger überflüssig, als das preußische Apothekergewicht jetzt in vielen deutschen Staaten gesetzlich besteht und in mehreren auch dann noch fortbestehen wird, wenn es in Preußen abgeschafft werden sollte. (Man s. die §§ 46 und 54.)*)

§ 42. Nach einer Ministerialverfügung vom 10. Mai 1811 sollte im ganzen Großherzogthum Hessen das neue französische metrische System (welches in der Provinz Rheinhessen gesetzliche Kraft hatte) am 1. Juli 1812 als alleiniges Maß= und Gewicht=System eingeführt werden. Je näher aber die Ausführung heanrückte, desto mehr mußte man sich überzeugen, daß es diesen französischen Maßen und Gewichten durchaus an der nöthigen Bequemlichkeit für den Gebrauch im gemeinen Leben fehlte. Im Jahre 1817 wurde daher in offiziellem Auftrage von dem Regierungsrathe (jetzt geheimen Rathe) Dr. Eckhardt zu Darmstadt ein neues Maß= und Gewicht=System entworfen, welches sich zwar auf das französische metrische gründet, dessen Größen aber alle, im Gegensatze der französischen, sehr nahe die Mittelzahlen aus den verschiedenen früher gebrauchten Maßen und Gewichten sind, und welche daher den Kräften, Bedürfnissen und Gewohnheiten der Menschen entsprechen; auch ist bei den Eintheilungen der neuen Maße und Gewichte die nöthige Rücksicht auf die bisher gebräuchlichen Halbirungen genommen worden. Unterm 10. Dezember 1817 wurde die Einführung dieses Systems verordnet, und damit ebenfalls Dr. Eckhardt als Maß= und Gewichts=Kommissär beauftragt. Dieses schwierige Geschäft wurde von demselben mit großer Umsicht und Sachkenntniß ausgeführt, so daß bereits nach Verlauf von drei Jahren die neuen Maße und Gewichte im Verkehrsleben fast ausschließlich im Gebrauche waren, und die Maß= und Ge=

---

*) a) Die in der ersten Note des § 58 angeführte Abhandlung von Dr. Eytelwein.

b) Darstellung der Untersuchungen und Maassregeln, welche in den Jahren 1835 bis 1838 durch die Einheit des Preussischen Längenmaasses veranlasst worden sind, von F. W. Bessel. Mit 7 Kupfertafeln. Berlin, 1839. 4.

wichts-Kommission schon unterm 3. September 1821 aufgelöst werden konnte.

Das gesetzliche Medizinalgewicht des Großherzogthums ist nach wie vor das alte Nürnberger geblieben, und ist es auch noch gegenwärtig (1860). Um aber dem Mangel an Übereinstimmung der Apothekergewichte abzuhelfen, erließ das großherzogliche Ministerium des Innern und der Justiz im Mai 1829 eine Verordnung, aus der hervorgeht, daß die Ober-Bau-Direktion ein Haupt-Normalgewicht hat herstellen lassen, nach welchem Normalgewichte angefertigt werden, die sich die Apotheker anzuschaffen haben, aber nicht zum Auswiegen, sondern nur um das in den Offizinen nöthige Gewicht danach berichtigen zu lassen und nur solches zu gebrauchen. Das gesetzliche Medizinalpfund ist auf 22,901 großherzogl. hessische Loth bestimmt worden; das sind 357,828 französische Gramm. (Man sehe hierzu die §§ 54 u. 67.)*)

§ 43. In der Landgrafschaft **Hessen-Homburg** erschien unterm 10. August 1824 eine Verordnung (die am 1. Mai 1825 in Kraft getreten ist), durch welche, so wie durch einige nachträgliche Verordnungen, das Maßwesen im Amte **Homburg** und im Oberamte **Meisenheim** regulirt wurde.**)

Im Fürstenthum **Lippe-(Detmold)** ist einerlei Maß und

---

*) a) Gedrängte Uebersicht des früheren und jetzigen Zustandes des Maß- und Gewichtswesens in dem Großherzogthum Hessen. Als Manuskript zu offiziellem Gebrauche gedruckt. Darmstadt, den 10. September 1820. 8.

b) **Friedr. Wilh. Grimm**, Vollständige Darstellung des Maß- und Gewicht-Systems im Großherzogthum Hessen, nebst Anleitung zum Abgleichen und Stempeln der gesetzlichen Maße, Gewichte und Waagen, wie auch Vergleichung der vorzüglichsten Maße und Gewichte. Auf höchsten Befehl entworfen. Darmstadt, 1840. gr. 8. (Man sehe mein Frankfurter Geschäfts-Handbuch, S. 64 f.)

**) a) Landgräflich hessisches Amts- und Intelligenz-Blatt. Beilagen zu Nr. 35 v. J. 1824. 4.

b) **Chelius**, Maß- und Gewichtsbuch. Dritte Auflage. S. 294 u. flg. Man sehe hierzu die in § 65 angegebenen neuesten Veränderungen in dem homburgischen Maßwesen.

Gewicht vom 1. Juli 1825 an eingeführt worden, gemäß der Verordnung vom 14. Dezember 1824.*)

Im Fürstenthum Hohenzollern-Sigmaringen sind seit Juli 1825 sämmtliche würtembergische Maße und Gewichte eingeführt worden. Im Fürstenthum Hohenzollern-Hechingen sind seit Januar 1840 die würtembergischen Gewichte, und seit Mai 1844 die würtembergischen Längen- und Hohlmaße in Anwendung gebracht worden.

§ 44. Durch ein Gesetz vom 19. August 1836 sind im Königreiche Hannover gleichförmige Maße und Gewichte verordnet worden.

Im Herzogthum Braunschweig ist durch das Gesetz vom 30. März 1837 einerlei Maß und Gewicht verordnet und vom 1. Januar 1838 an eingeführt worden.

In dem großherz. oldenburgischen Fürstenthume Birkenfeld ist seit dem Jahre 1842 das preußische Maß und Gewicht in Anwendung gebracht worden.

§ 45. Die in Hamburg gebräuchlichen Maße und Gewichte sind erst in neuerer Zeit regulirt und festgestellt worden. In Folge der genauen Bestimmung und wissenschaftlichen Begründung derselben durch den Etatsrath und Professor Schumacher in Altona erschien unterm 16. Januar 1843 eine „Verordnung die Hamburgischen Maße und Gewichte betreffend. Beliebt durch Rath- und Bürgerschluß am 1. Dezember 1842."

Das Bankgewicht (für das Silber der Bank) ist das Hamburger Kölnische oder Silbergewicht, das Pfund zu 2 Mark gerechnet. Diese (Hamb. Kölnische) Mark, als das Gold-, Silber- und Münzgewicht, wiegt 233,85489 Gramm; sie ist also von der preußischen Mark so wenig verschieden (nur um 0,61 Milligramm

---

*) a) Fürstlich lippisches Intelligenzblatt. Nr. 51. Den 18. Dezember 1824. 4.

b) Chelius, Maß- und Gewichtsbuch. Dritte Auflage. S. 870 u. flg. Man sehe hierzu das im § 63 (Note) erwähnte neueste lippische Maßgesetz.

leichter als die letztere), daß beide Marken für den Verkehr als identisch zu betrachten sind.*)

§ 46. In dem Maßwesen des Herzogthums Nassau herrschte früher eine große für den Verkehr sehr unbequeme und nachtheilige Verschiedenheit. Die Maße und Gewichte der Stadt Wiesbaden (so wie noch vieler nassauischen Ortschaften) waren fast sämmtlich altes Mainzer Maß und Gewicht, und sind im Oktober 1807 nach den Mainzer Originalen genau berichtigt worden.**) Seitdem sind zu verschiedenen Zeiten einzelne Verordnungen zur Herstellung einer größeren Gleichförmigkeit im Maßwesen erfolgt, so wie der Beitritt zu dem deutschen Zollverein und zu der Münchener Münzkonvention eine Veränderung in den Gewichten des Landes — Einführung des Zollgewichts und der Vereins-Münzmark — bewirkt hat. Jene einzelnen Verordnungen betrafen: das seit dem Jahre 1823 für das ganze Herzogthum eingeführte Holzmaß; das in der Instruktion wegen Vollziehung der Güterkonsolidation vom Jahre 1830 vorgeschriebene Feldmaß; so wie den im Jahre 1840 für das Landesbauwesen angenommenen Fuß. (Diese früheren Maßbestimmungen sind dann in das unten erwähnte neue System als allgemeine Normen übergegangen.)

Seit diesen theilweisen Verbesserungen beschäftigte sich die Regierung ernstlich mit einer gründlichen Maßreform, worüber auch auf den Landtagen Verhandlungen Statt fanden. Nach mehrmaligen Unterbrechungen dieser Arbeiten und mit einigen Abänderungen des ursprünglichen Entwurfs, erschien das Gesetz

---

*) a) Christian Noback und Friedrich Noback, Vollständiges Taschenbuch der Münz-, Maass- und Gewichts-Verhältnisse, der Staatspapiere, des Wechsel- und Bankwesens und der Usanzen aller Länder und Handelsplätze. Leipzig, 1850. gr. 8.

b) Das von denselben Verfassern bearbeitete und in § 33 angezeigte Werk.

**) Das alte (zur Zeit des Kurfürstenthums gebräuchliche) Mainzer Maß und Gewicht, so wie auch die älteren Maße und Gewichte von Wiesbaden und mehreren anderen nassauischen Ämtern und Ortschaften findet man genau angegeben in dem Maß- und Gewichtsbuch von Chelius. 3. Aufl.

vom 12. Dezember 1851, durch welches ein allgemeines Maß- und Gewichtsystem, das sich auf das metrische System Frankreichs gründet, im Herzogthum Nassau verordnet wird. Es ist mit dem 1. August 1853 ins Leben getreten.

Das seitherige Medizinalgewicht im Herzogthum Nassau war das alte Nürnberger. In den zur Einführung des neuen Maßsystems erlassenen „Vorschriften über Beschaffenheit, Abgleichung und Stempelung der Maße, Gewichte und Wagen" ist die Größe des Pfundes Apothekergewicht auf 22,4501 nassauische Loth festgesetzt. Hiernach ist also für das bisherige alte Nürnberger das preußische Medizinalgewicht im Herzogthum Nassau eingeführt worden. (Vergl. § 54.) Nach den erwähnten „Vorschriften" sind die nassauischen Apotheker verbunden, Normalgewichte von dem Central-Eichbüreau zu Wiesbaden zu beziehen, welche sie nicht zum Auswiegen, sondern nur dazu zu benutzen haben, um damit die wirklich gebraucht werdenden Gewichte in fortwährender Uebereinstimmung zu erhalten, für welche die Apotheker verantwortlich sind. Diese letzteren Gewichte zu berichtigen ist auch den Eichstellen gestattet, denen aber die Berichtigung der Normalgewichte untersagt ist.*)

§ 47. Ich wende mich nun zu dem Maßwesen der freien Stadt Frankfurt, bei welchem ich mich etwas länger verweilen werde.**) Auch hier herrschte in demselben am Anfange dieses Jahrhunderts eine große Verschiedenheit, welche in den Raummaßen noch gegenwärtig eben so besteht. Neben der Frankfurter

---

*) Allgemeines Maß- und Gewicht-System im Herzogthum Nassau. Gesetz, Instruktionen und Vorschriften über Beschaffenheit der Maße, Gewichte und Wagen. Wiesbaden, 1852. 8.

**) Die Frankfurter Maße und Gewichte waren in früheren Jahren in vielen Orten der Nachbarstaaten eingeführt, besonders war das Handelsgewicht weit verbreitet, z. B. in Aschaffenburg, Eisenach, Hanau, Marburg, Wetzlar ec. An ihre Stelle sind aber größtentheils die Maße und Gewichte des betreffenden Landes getreten. Doch waren z. B. im landgräfl. hessischen Amte Homburg noch vor ganz kurzer Zeit Frankfurter Maß und Gewicht: der Werkfuß, die Elle, das Flüssigkeitsmaß, das Fruchtmaß und das Gewicht, und die beiden ersten sind noch gegenwärtig gesetzlich die gleichnamigen Frankf. Maße.

Elle wird die Frankfurter **brabanter** Elle und der Frankfurter (französische) **Stab** gebraucht, also zuweilen in einem und demselben Laden drei verschiedene Ellenmaße für verschiedene Stoffe. Der Feldschuh ist verschieden von dem Werkschuh, die gewöhnliche Ruthe oder Feldruthe verschieden von der Waldruthe, der Feldmorgen verschieden von dem Waldmorgen, also neben dem **Feldmaße** ein besonderes **Waldmaß**. Für das Brennholz bestehen ebenfalls verschiedene Maßgrößen: der **Frankfurter Stecken**,*) der sogenannte **Mainzer Stecken** und das blos im Walde und im Forstamts-Holzmagazin gebräuchliche **Klafter**. Für Flüssigkeiten gibt es zwei verschiedene Maße: die **alte Maß** oder **Eichmaß**, und die **junge Maß** oder **Zapfmaß** (Schenkmaß).

§ 48. Eine viel größere Mannichfaltigkeit herrschte aber bei den Gewichten. Es bestanden nämlich am Anfange dieses Jahrhunderts folgende verschiedene Gewichte in Frankfurt: 1) **Markgewicht** oder **Silbergewicht**, zugleich Goldgewicht für unverarbeitetes Gold, und Münzgewicht. Bei dem **Kölnischen** Markgewichte (das wenigstens schon seit mehreren hundert Jahren hier gebräuchlich ist) finden, zum Theil für besondere Zwecke, vier verschiedene Eintheilungsarten Statt, welchen das Halbirungssystem zu Grunde liegt. Probirgewicht war dieselbe Köln. Mark, mit der in Deutschland gewöhnlichen Eintheilung in Karate und Lothe u. s. w. Diese **Frankfurter Kölnische Mark** (oder das halbe Frankfurter Pfund) gehörte zu den schwersten der in den deutschen Münzstätten vorhandenen (leider nicht genau mit ein-

---

*) Die **Auflag-** oder **Zugabe-Scheite** beim Holzmessen, von 2 Scheiten für das **auf festem Boden** gemessene Holz (im Magazin, auf der Straße, im Hofe) und von 6 Scheiten für das in rascher Arbeit im **Schiffe** gemessene Holz, auf jeden Stecken, vermehren nicht den Rauminhalt des Stecken, sondern dienen nur als eine Ergänzung der leeren Räume, die sich zwischen den Scheiten im Maße bilden, und auch bei dem regelmäßigsten Messen nicht gänzlich vermieden werden können. Deshalb ist es nicht richtig, wie häufig geschieht, einen Unterschied zwischen Main-Stecken und Magazin-Stecken in der Meinung zu machen, daß man am Mainufer mehr Holz, als in dem Stadt-Magazin erhält.

anderübereinstimmenden) Kopieen von der Kölnischen Mark. Dieselbe wog 233,9569 Gramm. 2) Kronengewicht, für verarbeitetes Gold. 3) Dukatengewicht, für Gold, welches den Feingehalt der Dukaten hat. 4) Leichtgewicht des Handelsgewichts. 5) Schwergewicht des Handelsgewichts. 6) Spezereigewicht der Stadtwage. 7) Speckgewicht der Stadtwage (für Würste, Schinken und anderes Rauchfleisch ꝛc.). Diesem Speckgewichte war das Heugewicht seit dem Jahre 1801 ganz gleich. 8) Mehl- und Malzgewicht. 9) Wollwagegewicht. 10) Butter- und Fleischgewicht. 11) Fischgewicht, für frische Fische. 12) Medizinal- oder Apothekergewicht. 13) Juwelengewicht. Also dreizehn verschiedene Gewichte in einer Stadt!

§ 49. Von den genauen Größen dieser verschiedenen Maße und Gewichte und von ihren richtigen Verhältnissen gegen einander kannte man damals wenig mehr, als was Kruse's Kontorist, Nelkenbrecher's Taschenbuch und ähnliche Bücher davon enthielten, indem es an genauen Untersuchungen und Bestimmungen fehlte. Diese unternahm endlich der Recheneischreiber Chelius,*) anfangs aus bloßer Neigung zur Sache, später in amtlichem Auftrage. Im August 1805 erschien seine erste Schrift über diesen Gegenstand. Keine einzige der in den damaligen besten metrologischen Werken enthaltenen Angaben der Frankfurter

---

*) Georg Kaspar Chelius, geboren am 22. März 1761 zu Obersteden, bei Homburg vor der Höhe, hatte sich aus Neigung dem Schulfache gewidmet. Er kam im Mai 1787 als Vikar eines kranken Schullehrers nach Frankfurt am Main, und wurde daselbst im Februar 1788 unter die Zahl der Schullehrer aufgenommen. Im Jahre 1797 erhielt derselbe die Stelle des zweiten Recheneischreibers, und im Jahre 1818 wurde er zum ersten Recheneischreiber ernannt. Nachdem derselbe wegen andauernder Kränklichkeit im Jahre 1825 in Ruhestand versetzt worden war, starb er an der Luftröhrenschwindsucht am 8. März 1828. (Hierzu sehe man § 51.)

Chelius hatte seine Neigung besonders der Metrologie zugewendet, und in diesem Fache war er gewiß einer der fleißigsten und gewissenhaftesten Forscher. Nahe an dreißig Jahre hat er dieses Feld mit großer Liebe und Sorgfalt anbauen helfen, und sich um dessen Vervollkommnung mannichfache Verdienste erworben. Auch hat derselbe die kaufmännische Literatur mit mehreren gehaltvollen Schriften bereichert, welche in seinem „Maß- und Gewichtsbuche, dritte von mir herausgegebene Auflage," (S. XXIII f.,) verzeichnet sind.

Maße und Gewichte traf mit der Wahrheit völlig überein: bald zu klein, bald zu groß, wichen sie mehr, oder weniger von den richtigen Bestimmungen ab, so daß der Unterschied zwischen dem Irrthum und der Wahrheit von ungefähr $\frac{1}{5}$ bis auf 12 Prozent stieg. Und wer weiß, wie lange Zeit noch ein Schriftsteller dem andern, ohne Prüfung, diese falschen Angaben würde nachgeschrieben haben, wenn nicht Chelius eine Prüfung derselben angestellt hätte. Seine gründliche Untersuchung, genaue Bestimmung und beziehlich nöthige Herstellung der Maße und Gewichte Frankfurts, diese höchst mühsamen und verdienstlichen Arbeiten liegen großentheils in den drei Auflagen seines „Maß- und Gewichtsbuches" vor Augen.

§ 50. Im Sommer 1803 wurde das Wollwagegewicht abgeschafft; dagegen wurde aber auf den in den Jahren 1807 und 1808 am Mainufer errichteten beiden Krahnwagen nach einem neuen Gewichte, nämlich nach französischen Kilogrammen, gewogen, aber nur bis zum ganzen Kilogramm. So war die oben erwähnte Zahl der verschiedenen Frankfurter Gewichte dreizehn wieder die frühere geworden.

Die nun in den nächsten Jahren beabsichtigten aber nicht zur Ausführung gekommenen mannichfachen Veränderungen im Maßwesen Frankfurts dürfen hier nicht unerwähnt bleiben. Es waren folgende.

§ 51. In dem Organisationspatent vom 16. August 1810 verordnete der damalige Großherzog von Frankfurt für das ganze Großherzogthum die Einführung des französischen metrischen Maßes und Gewichts.*) Ein Jahr später aber beabsichtigte man das vor kurzem für das Departement Aschaffenburg verordnete neue Maßsystem mit zwölftheiliger Eintheilung**) nun auch in den drei andern Departementen des damaligen Großherzogthums einzuführen. Chelius, der in dieser Sache zu Rathe gezogen wurde, erstattete darüber ein schriftliches Gutachten, und die Einführung dieses Maßes in den andern Departementen unterblieb.

---

*) Großherzogl. frankfurtisches Regierungsblatt. 1. Band, 1. Blatt.
**) Aschaffenburger Intelligenzblatt vom Jahre 1811, Nr. 68.

Nach einer Verordnung vom 31. März 1812 sollte nun in dem ganzen Großherzogthum wieder ein anderes Maß und Gewicht, welches von dem metrischen Systeme Frankreichs abgeleitet war, und zwar vom 1. Januar 1813 an, eingeführt werden.*) Zur Einführung und Beaufsichtigung dieses neuen Maßes und Gewichtes (neben welchem jedoch auch die bisherigen Ortsmaße und Gewichte noch fortbestehen und mit beaufsichtigt werden sollten) wurde für jedes Departement ein Sachkenner zum Inspektor bestellt. Chelius erklärte sich mündlich und schriftlich gegen die Einführung dieses neuen Systems, und setzte dessen Fehler und die Nachtheile seiner Einführung auseinander. Dessen ungeachtet wurde derselbe im November 1812 zum Inspektor des Maßes und Gewichts für das Departement Frankfurt ernannt. Es sollten nun für die vier Departemente Vergleichungstafeln der alten Ortsmaße mit den neuen großherzogl. frankfurtischen Maßen verfertigt werden. Für Frankfurt und diejenigen Oerter, die gleiches Maß mit ihm hatten, hat Chelius diese Tafeln auch berechnet; es ist aber nichts davon gedruckt worden. Auch mit der Einführung des neuen Maßsystems wurde gezögert, bis solche endlich bei der nachher eingetretenen Staatsveränderung ganz unterblieb.

§ 52. Die im § 50 erwähnten dreizehn verschiedenen Gewichtsgrößen bestanden in Frankfurt bis zum Zollanschlußvertrage vom 2. Januar 1836, durch welchen das **gemeinschaftliche Zollgewicht** zum Zwecke der Zollerhebung daselbst eingeführt wurde. Der **Zoll-Zentner** hat 100 Zoll-Pfund, das **Zoll-Pfund** (= ½ franz. Kilogramm) hat 30 Zoll-Loth.

Die verschiedenen besonderen (theils wirklichen, theils bloßen Rechnungs-) Gewichte, welche in Frankfurt für manche Gegenstände des Verkehrs, wie Rauchfleisch, Getreide, Mehl, Heu ꝛc. bis dahin auf mehreren öffentlichen Wagen bestanden hatten, wurden nach dem Anschlusse an den Zollverein ganz abgeschafft. Alle diese Gegenstände wurden nun daselbst auf den öffentlichen Wagen nur nach dem Zollgewichte gewogen, mit Ausnahme der im § 50 erwähnten Krahnwagen am Mainufer, bei welchen das

---

*) Großherzogl. frankfurtisches Regierungsblatt. 2. Band, 5. Blatt.

dort bisher angewendete französische (ganze) Kilogramm auch noch ferner im Gebrauche blieb. Auch wurde ein Anfang gemacht, das Zollgewicht in den Privatverkehr einzuführen, indem dasselbe nach gesetzlicher Vorschrift, vom 15. Dezember 1838 an, bei den zum Verbrauche im Frankfurter Gebiete verkauft werdenden Steinkohlen, deren Verkauf nach dem Gewichte geschieht, angewendet werden mußte.

Folgende besondere Gewichte sind beim Anschlusse Frankfurts an den Zollverein, und beziehlich erst einige Zeit nach demselben, abgeschafft worden: 1) Das Spezereigewicht der Stadtwage. 2) Das Butter- und Fleischgewicht. 3) Das Fischgewicht bei den Fischern (für frische Fische). 4) Das Mehl- und Malzgewicht, seit dem 1. Januar 1838; von dieser Zeit an wiegen auch die Fruchtmesser nur nach dem Zollgewichte. 5) Das Speckgewicht der Stadtwage, seit dem 1. Januar 1838. Das seit dem Jahre 1801 dem Speckgewicht ganz gleiche Heugewicht, ist seit dem 23. April 1839 ebenfalls abgeschafft worden.*) Von dieser Zeit an wurde das Stroh auch mit dem Zollgewichte gewogen.

§ 53. Durch den Beitritt Frankfurts zur süddeutschen Münz-Konvention vom 25. August 1837 wurde die Münzmark der deutschen Vereins-Staaten, oder die preußische (Kölnische) Mark, daselbst gesetzlich als einzige Mark eingeführt, und die bis dahin bestehende, oben (§ 48) erwähnte Frankfurter Kölnische Mark ganz abgeschafft. Die preußische oder Vereins-Mark wiegt 233,8555 Gramm, wurde aber in den Zollvereins-Staaten gewöhnlich zu 233,855 Gramm angenommen. Diese neue Frankfurter Mark ist fast genau um $1/23$ Prozent leichter, als die alte abgeschaffte Frankfurter Mark. Die neue Mark diente auch zum Probirgewichte, doch gab man nun in der Frankfurter Münze der zehntheiligen Eintheilung den Vorzug vor dem bis dahin gebrauchten Halbirungssystem, so daß daselbst die Feinheit der edlen Metalle, wie in Frankreich, in Tausendtheilen (Millièmes) ausgedrückt wurde.

---

*) Vor dem Jahre 1801 war das Heugewicht eigentlich Mehlwage-Gewicht, wurde aber zufolge Raths-Verordnung vom 25. November 1800 wie oben angegeben abgeändert.

Da das Frankfurter Leichtgewicht das Silbergewicht war, und das Schwergewicht sich auf jenes gründete, so hatte die eben angeführte Veränderung in der Schwere der Frankfurter Mark auch eine solche Veränderung dieser beiden Handelsgewichte zur Folge, welche aber für den gewöhnlichen Verkehr in den meisten Fällen ganz unberücksichtigt bleiben konnte. Diese Veränderung in der Schwere des Frankfurter Gewichts veranlaßte auch eine neue gesetzliche Inhaltsbestimmung des Frankfurter Flüssigkeits= maßes, worüber § 23 nachzusehen ist.

§ 54. Das Frankfurter Medizinal= oder Apotheker= gewicht war bis zum Jahre 1841 das in Deutschland sehr ge= bräuchliche alte Nürnberger Apothekergewicht. Bei Abfassung einer neuen Medizinal=Ordnung ist aber an die Stelle dieses Gewichts das preußische Medizinalgewicht gewählt worden, weil man dessen Schwere genau kennt, und weil die preußische Phar= makopöie für hiesige Stadt und deren Gebiet gesetzlich eingeführt ist. Der § 102 dieser Medizinal=Ordnung vom 29. Juli 1841 verordnet die Einführung desselben, für welche (nach einer Be= kanntmachung des Sanitäts=Amts vom 25. Oktober 1841) der 1. Januar 1842 bestimmt wurde. Wegen des Gewichts wird sich dabei auf das in der vierten Ausgabe der preußischen Pharmakopöie angegebene Verhältniß desselben bezogen. In der vom Sanitäts=Amte im October 1849 verordneten neuen Taxe der Arzeneimittel ist nun vom 1. November 1849 an im Freistaate Frankfurt die sechste Ausgabe der preußischen Pharmakopöie v. J. 1846 eingeführt worden, nachdem die Einführung derselben Ausgabe in den beiden Nachbarstaaten Frankfurts, im Großherzogthum Hessen, vom 1. August 1848 an, und im Herzogthum Nassau, vom 1. Juli 1848 an, gesetzlich erfolgt war. (Ueber eine Un= richtigkeit in der Angabe der Schwere des Medizinalpfundes in der preußischen Pharmakopöie sehe man § 41 am Ende.)*)

---

*) Eine vollständige und genaue Darstellung der Frankfurter Maße und Gewichte findet man in dem Maß- und Gewichtsbuche von Chelius, 3. Auflage, so wie in meinem Frankfurter Geschäfts-Handbuche, und zwar im letzteren Werke bis zu dem Ende des Jahres 1844.

§ 55. Dies sind die hauptsächlichsten Maßverbesserungen in den deutschen Staaten, von welchen im § 37 die Rede war. So war für die Vereinfachung des Maßwesens Manches geschehen, als ein wichtiges Ereigniß ein neues Streben nach Vereinigung hervorrief und gegründete Hoffnung zu einer noch ausgedehnteren Gleichförmigkeit im Maß= (und Münz=)Wesen Deutschlands erweckte: der **deutsche Zoll= und Handelsverein**.

Die Regierungen der zu einem gemeinsamen Zoll= und Handelssystem verbundenen deutschen Staaten haben sich bekanntlich in den darüber abgeschlossenen Verträgen unter andern gegenseitig verpflichtet, zur Einführung eines gleichen Münz=, Maß= und Gewichtsystems in allen Vereinsstaaten mitzuwirken. Durch die Annahme des französischen halben Kilogramms zum Zollpfunde für den ganzen Verein (1833) war auch ein sehr guter Anfang zu einem allgemeinen deutschen Maßsystem gemacht worden, weil dieses Gewicht schon früher in einigen Vereinsstaaten als allgemeines Landesgewicht bestand; überdies schloß man sich durch die Einführung desselben zum Zollpfunde an das Gewichtsystem eines benachbarten großen, mit Deutschland in vielfachen Handelsverbindungen stehenden Staates an, dessen System auch außer Frankreich sehr verbreitet ist. Man sieht hieraus, welchen hohen Werth Preußen, und mit ihm der ganze deutsche Zollverein, auf eine Uebereinstimmung der Maße Deutschlands sowohl unter einander, als mit den Maßen fremder, besonders der Nachbarstaaten legt. Hätte damals der Zollverein das scharf bestimmte preußische Pfund als Zollpfund gewählt, so würde man diese Wahl gewiß um so zweckmäßiger und passender gefunden haben, als gerade dieses Pfund in dem größten Theile des Zollvereins schon als Landesgewicht gesetzlich bestand, und dasselbe auch mit zwei kölnischen Marken übereinkam.

§ 56. Durch die in **München** am 25. August 1837 und in **Dresden** am 30. Juli 1838 abgeschlossenen Münz=Konventionen der Zollvereinsstaaten*) wurde in allen diesen

---

*) Diese beiden Münz-Konventionen findet man in meinem „Frankfurter Geschäfts-Handbuche", S. 92—104.

Staaten den bis dahin in den Münzgewichten derselben bestandenen Abweichungen auf einmal ein Ende gemacht, und somit wieder ein wichtiger Schritt zur Vereinfachung des deutschen Maßwesens gethan. In diesen Münz-Konventionen wurde nämlich als Grundlage des gesammten Münzwesens in den theilnehmenden Staaten die genau bestimmte preußische (Kölnische) Mark (§ 53), nun Vereins-Mark, zum Münzgewicht angenommen. (Vergl. § 88.)

§ 57. In Folge des Wiener Münzvertrags vom 24. Januar 1857 ist aber nun das Zollpfund auch an die Stelle der seitherigen Kölnischen Mark (Vereins-Mark)*) getreten. Zwar ist in diesem Vertrage nicht ausdrücklich bestimmt, daß das neue

---

*) Die Kölnische Mark, deren Entstehung in die Mitte des zwölften Jahrhunderts fällt, hat nicht nur viele Jahrhunderte zur Bestimmung der Schwere anderer Gewichte gedient, sondern ist auch bis auf die neueste Zeit das allgemeine Münzgewicht der Deutschen geblieben. Bei ihrer nunmehrigen Abschaffung verdient sie daher wohl eine besondere Erwähnung. Im Jahre 1524 wurde die Kölnische Mark gesetzlich das allgemeine deutsche Münzgewicht; aber es scheint, daß man in Deutschland schon weit früher nach diesem Gewichte Münzen geprägt hat, als darüber eine gesetzliche Verfügung ergangen war. Ueber das absolute Gewicht der Kölnischen Original-Mark ist viel gestritten worden; doch ist man über dasselbe, ungeachtet verschiedener angestellten genauern Untersuchungen, niemals ganz ins Reine gekommen. Das eigentliche Urgewicht derselben konnte nicht mehr aufgefunden werden, und bei den in den deutschen Münzstätten vorhandenen Etalons waren hinsichtlich ihrer Schwere im Laufe der Zeit Abweichungen entstanden. (S. meine Vergleichungs-Tafeln der Gewichte ꝛc., S. 39—46.) Dieser Ungewißheit über die wahre Größe der Kölnischen Mark wurde, wie oben erwähnt ist, durch die in München (1837) und in Dresden (1838) abgeschlossenen Münz-Konventionen ein Ende gemacht, indem in diesen Verträgen das absolute Gewicht der Münzmark genau festgesetzt war. Durch diese Vereinbarung ward eine genaue Uebereinstimmung in den deutschen Münzgewichten hergestellt, und der Bestand der Kölnischen Mark (Vereinsmark), als eines selbstständigen deutschen Gewichts, schien nun auf eine sehr lange Zeit hinaus völlig gesichert. Doch auch sie sollte nur zu bald die Wandelbarkeit alles Irdischen erfahren; denn der Wiener Münzvertrag (1857) machte ihrem Daseyn ein rasches Ende. (Die wenigen deutschen Staaten, in welchen dieselbe einstweilen noch besteht, kommen hier nicht in Anschlag.) Die Kölnische Mark war also 333 Jahre lang das gesetzliche Münzgewicht der Deutschen. Vergl. Seite 40, Note, b.

Münzpfund auch im öffentlichen Verkehre beim Wägen der edlen Metalle ausschließlich gebraucht werden soll; doch ist dies um so mehr anzunehmen, als Preußen, das Königreich Sachsen und die Stadt Frankfurt a. M. solches schon in ihren Staaten verordnet haben. In dieser Annahme des Zollpfundes zum deutschen Münzgewichte liegt, nach meiner Meinung, der sicherste Beweis, daß die deutschen Regierungen das französische metrische Maß und Gewicht zur Grundlage unseres künftigen deutschen Maßsystems bestimmt haben, was weiter unten ausführlicher gezeigt werden wird.

Die Anfertigung des neuen Münzpfundes wird, zufolge des Wiener Münzvertrags (Separat=Artikel 1), von der Münzstätte in Berlin besorgt, welche an eine jede Münzstätte der mitvertragenden Regierungen ein vergoldetes Einpfundstück, nebst dem Atteste der Uebereinstimmung mit dem in Berlin aufbewahrten Normalpfunde, gegen Erstattung der Anfertigungskosten, liefert, auch derselben auf Verlangen noch einen, mit möglichster Genauigkeit angefertigten Gewichtsatz, bestehend aus dem Pfunde nebst Theilstücken, übersendet. Für den Fall, daß eine Münzstätte es wünschenswerth finden sollte, ihre Normalgewichtstücke von anderer Seite revidiren zu lassen, hat dieses in Berlin zu geschehen. Hiernach befindet sich also das Urgewicht des neuen deutschen Münzpfundes in Berlin.

§ 58. Das Zollgewicht kam nun in Deutschland auch bei mehreren öffentlichen Anstalten in Gebrauch. Dasselbe ist nämlich zugleich Postgewicht des deutsch=österreichischen Postvereins (seit 1851), ferner Zollvereins=Eisenbahngewicht und österreichisches Zollgewicht (seit Februar 1852). Auch bediente man sich dieses Gewichts schon seit langer Zeit an manchen deutschen Handelsplätzen im Großhandel. Es war daher sehr wahrscheinlich, daß dasselbe in nicht ferner Zeit das allgemeine Landesgewicht in Deutschland werden würde, wozu es sich auch sehr gut eignet, weil es zwischen dem schweren baierischen, österreichischen ꝛc. und dem leichten Kölnischen Gewicht ungefähr in der Mitte steht. Und dieser Fall ist nun wirklich eingetreten, indem die Einführung des Zoll=

gewichts als Landesgewicht seither in den meisten deutschen Staaten erfolgt ist.

Preußen hat zuerst durch ein Gesetz vom 17. Mai 1856 das Zollpfund als Einheit des preußischen Gewichts erklärt, und zwar vom 1. Juli 1858 an als allgemeines Handels- und Juwelengewicht, und später auch als Medizinalgewicht. In diesem Gesetze ist die Schwere des neuen Pfundes in dem bisherigen preußischen Gewichte genau angegeben, und zwar ganz dem Verhältnisse gemäß, welches seiner Zeit die zur Prüfung der preußischen Normalmaße und Gewichte ernannte Kommission zwischen dem bisherigen Pfunde und dem Kilogramme festgesetzt hat.*) In dem angeführten Gesetze ist ferner gesagt, daß ein der angegebenen Schwere entsprechendes Gewichtstück angefertigt werden wird, welches als Urgewicht des preußischen Staates gelten und alsdann für das Gewicht des preußischen Pfundes allein maßgebend seyn soll. Hierdurch ist dieses preußische Urgewicht als ein selbstständiges Gewicht erklärt, das niemals mehr verändert werden kann, und also auch ganz unabhängig von dem französischen Original-Kilogramm ist. Es ist aber nicht angegeben, aus welchem Stoffe das neue Urgewicht verfertigt werden soll. (Man sehe hierzu § 29.)

Nach zwei späteren Gesetzen für die preußischen Staaten über das Münzwesen und über das Münzgewicht vom 4. und 5. Mai 1857 soll das eben besprochene neue Pfund (das Zollpfund)

---

*) „Ueber die Prüfung der Normal-Maasse und Gewichte für den königlich-preussischen Staat und ihre Vergleichung mit den französischen Maassen und Gewichten. Von D. Eytelwein." (Abhandlungen der mathematischen Klasse der königl. Akademie der Wissenschaften zu Berlin, aus dem Jahre 1825. Berlin, 1828.)

Wegen der Wichtigkeit der bei dieser früheren Vergleichung gebrauchten Pariser Gewichte für die Anfertigung des neuen Urgewichts sey hier noch aus dieser Abhandlung Folgendes bemerkt. In Berlin besitzt man zwei als genau geltende noch von Fortin verfertigte Pariser Kilogrammen-Gewichte (das eine von Platin, das andere von Messing), welche die oben erwähnte Kommission (deren Mitglied Eytelwein war) bei ihrer Vergleichung des bisherigen preußischen Pfundes mit dem französischen Kilogramme gebraucht hat.

bei der Ausmünzung, dann beim Wägen der Münzen und Münz=
metalle, sowohl in den Münzstätten als auch in dem öffentlichen
Verkehre statt der seitherigen Münzmark ausschließlich angewendet
werden. Das Pfund wird zu diesem Zwecke in Tausendtheile
getheilt, die weitere Theilung erfolgt in dezimaler Abstufung.
Dem Zehntausendtheil des Pfundes ist der Name Aß beigelegt.
Da in Preußen also nunmehr ein und dasselbe Pfund zum
Handels=, Gold=, Silber= und Münzgewicht gesetzlich ange=
nommen ist, so ist das in dem Gesetze vom 17. Mai 1856 ver=
ordnete „Urgewicht" des neuen preußischen Pfundes auch allein
maßgebend für das Gewicht des neuen preußischen Münzpfundes.
Hieraus folgt ferner, daß unter dem im Wiener Münzvertrage
(Separat=Artikel 1) erwähnten „in Berlin aufbewahrten Normal=
pfunde" des Münzgewichts ebenfalls nur dies preußische Urgewicht
verstanden wird, und daß dieses letztere mithin zugleich
das allgemeine Urgewicht des neuen deutschen Münz=
pfundes ist.

Es entsteht nun die Frage, ob die durch den Wiener Münz=
vertrag verbundenen Staaten, und zwar sowohl diejenigen, welche
das halbe Kilogramm als allgemeines Landesgewicht
schon längere Zeit besitzen (und die also auch ihre Originale da=
von schon haben*), als auch diejenigen, welche dasselbe jetzt neu
einführen, das mehrerwähnte in Berlin befindliche Urgewicht
des neuen preußischen Pfundes auch als gesetzliches Original für
dieses Gewicht ihrer Länder anerkennen, und ob sie das von der
Münzstätte in Berlin erhaltene Münzpfund etwa dazu benutzen,
oder ob, nachdem die Einführung des neuen Pfundes in allen
deutschen Staaten verordnet ist, wegen eines selbstständigen ge=
meinsamen Urgewichts desselben eine Vereinbarung der betreffenden
Regierungen erfolgen dürfte. Denn nur durch letztere würde
dem Mangel an Uebereinstimmung vorgebeugt werden, der in
Zukunft hinsichtlich der Schwere des neuen Landesgewichts=Pfundes

---

*) Die massiven messingenen Halbkilogramme, welche zu Originalen der
großherzogl. badischen und hessischen Pfunde dienen, sind noch von
Fortin in Paris verfertigte Gewichte.

in den verschiedenen deutschen Staaten entstehen würde, wenn jeder Staat für den gesetzlichen Etalon desselben nach eigenem Ermessen selbst zu sorgen hätte. (Daß früher noch nichts für ein solches gemeinsames deutsches Urgewicht geschehen ist, durch eine den jetzigen wissenschaftlichen Anforderungen völlig entsprechende Feststellung, für welche die gründlichen Arbeiten von Bessel, Schumacher und Steinheil zur Benutzung vorliegen, erklärt sich durch die nur nach und nach erfolgte Einführung des Halb-Kilogrammes in Deutschland.) Hamburg (das aber nicht zu den bei dem Wiener Münzvertrage betheiligten Staaten gehört) ist nun meines Wissens der erste Staat, welcher das preußische Urgewicht als Grundlage für die Herstellung seines neuen Normal-Handelspfundes ausdrücklich erklärt hat. Die „Revidirte Verordnung, die Hamburgischen Maße und Gewichte betreffend, vom 8. Juli 1858" erklärt nämlich als gesetzliches Normal-Handelsgewicht das in Gemäßheit des § 1 des preußischen Gesetzes vom 17. Mai 1856 in Berlin angefertigte Urgewicht eines Pfundes von 500 Grammen, welches also für das Gewicht des Hamburgischen Handelspfundes allein maßgebend seyn soll. Für die Erhaltung einer genauen Kopie des preußischen Urgewichts als Hamburgischen Normal-Handelspfundes soll mindestens alle zehn Jahre eine Vergleichung und Prüfung der aus Berlin nach Hamburg gesandten aus vergoldetem Messing bestehenden Kopie des preußischen Urpfundes mit demselben in jener Stadt stattfinden. Bei der Vergleichung der vorgedachten Kopie mit dem Urpfunde ist die Toleranz auf 0,001 Gramm = $1/500000$ festgesetzt. (S. § 63, die letzte Note.)

§ 59. Durch ein Gesetz vom 12. Februar 1858 ist das Pfund des deutschen Zollvereins auch in **Frankfurt am Main** für den allgemeinen Verkehr als Einheit des Gewichts angenommen worden, dessen Einführung am 1. Juli 1858 erfolgt ist. 100 Pfund machen einen Zentner und 40 Zentner eine Schiffslast. Das Pfund wird in 32 Loth, das Loth in 4 Quint, das Quint in 4 Richtpfennige eingetheilt.*) Eine Dezimaleintheilung

---

*) Die auch in Frankfurt bei den Zoll- und Postämtern bestehende besondere Eintheilung des Pfundes in 30 Loth kommt weiter unten vor.

des Pfundes ist ebenfalls gestattet. Das Gewicht für Münzen und Münzmetalle ist durch den Wiener Münzvertrag vom 24. Januar 1857 festgesetzt und seine Einheit ist gleichfalls das neue Pfund. Dasselbe wird zu diesem Zwecke in Tausendtheile mit dezimaler Abstufung und ein Tausendtheil in 10 Aß eingetheilt. Das neue Frankfurter Pfund ist einem französischen halben Kilogramm genau gleich. Das alte Frankfurter Handelspfund Leichtgewicht wiegt (wie das alte oder bisherige preußische Handelspfund) 467,711 Gramm.

Nach diesen Verhältnissen ist das neue Pfund gleich einem Pfunde und 2,2092 Loth des bisherigen Leichtgewichts. Dieses Mehrgewicht ist ungefähr der vierzehnte Theil des alten Pfundes (genauer: 14,485). In den kleinsten ganzen Zahlen erhält man die Vergleichung: 14 neue Pfund = 15 alte Pfund, die hinreicht, wo es auf große Genauigkeit nicht ankommt. Genauer ist das Verhältniß: 29 neue Pfund = 31 alte Pfund. Ein von diesem Verkehrsgewichte abweichendes Handelsgewicht (Schwer- oder Leichtgewicht), oder besonderes Gewicht für einzelne Warengattungen, wie Fleisch-, Butter- und Fischgewicht, findet ferner nicht Statt.

Das Medizinal- oder Apothekergewicht bleibt das seither (seit dem 1. Januar 1842) hier gesetzlich eingeführte preußische Medizinalgewicht (s. die §§ 41 und 54). Für den Juwelen- und Perlenhandel ist das seither hier gebräuchliche (holländische) Juwelenkarat in der Schwere von 0,205894 Gramm, (welche es nach der genauen Untersuchung von Chelius hat,) mit der Theilung in fortgesetzter Halbirung auch ferner zulässig.

Das Gewichtswesen Frankfurts ist in neuerer Zeit sehr vereinfacht worden. Der Zollanschlußvertrag vom 2. Januar 1836, der Wiener Münzvertrag vom 24. Januar 1857, so wie das oben angeführte Gesetz vom 12. Februar 1858 haben die Abschaffung vieler Gewichte bewirkt, so daß vom 1. Juli 1858 an die oben (im § 52) erwähnten Gewichtsverschiedenheiten auf die kleine Zahl von drei zurückgeführt worden sind. Es bestehen nämlich seit dieser Zeit in Frankfurt nur noch: 1) das neue

Handels-, Gold-, Silber- und Münz-Gewicht, 2) das Apotheker-Gewicht und 3) das Juwelengewicht.*)

Die Einführung des Zollgewichts als Handelsgewicht in Frankfurt hat auch Veranlassung gegeben, daß einige seither daselbst im Colonialwarenhandel bestandene unzweckmäßige Usanzen vom 1. Juli 1858 an abgeschafft worden sind, nämlich: die Gewichtsvergütung (Gutgewicht genannt) von 1 Prozent, die Anwendung besonderer Gewichtsgrößen bei dem Handel in Öl, Thran u. dergl., so wie die Berechnung nach Reichsthalern. Die Bestimmung der Preise geschieht seitdem bloß in süddeutscher Währung und nur nach Zollgewicht. Manche deutsche Staaten werden hinsichtlich solcher Fortschritte in der Vereinfachung des Geschäftsganges auf dem Gebiete des Verkehrslebens bei Gelegenheit der Gewichtsreform gewiß ähnliche Beispiele aufzuweisen haben, und jede solche Vereinfachung ist wenigstens ein Zeitgewinn. (Ueber die Einführung des Zollgewichts als Landesgewicht in den andern deutschen Staaten sehe man § 63.)

§ 60. Die Hoffnung durch den Zollverein bald eine größere Gleichförmigkeit im deutschen Maßwesen bewirkt zu sehen, wurde sehr herabgestimmt, als man bei diesem Vereine das Zollpfund in 30 Loth eintheilte, anstatt dasselbe in 32 Loth zu theilen, wie es seither überall in Deutschland (in Baden, Hessen-Darmstadt, Nassau ꝛc), und auch in der Schweiz, bei der gesetzlichen Einführung des Halbkilogramms als allgemeines Landesgewicht geschehen ist.

Die Eintheilung des Zollpfundes in 30 Loth hat man leider auch bei dem deutsch-österreichischen Postvereine angenommen, wodurch in den Staaten, in welchen dasselbe Pfund, als Landesgewicht, in 32 Loth getheilt ist, manche Irrungen hervorgerufen werden. In diesem Postvereine selbst besteht aber in dieser Hinsicht keine völlige Uebereinstimmung, indem zwar in

---

*) Auch auf den am Mainufer außerhalb des Zollhofes befindlichen Krahnwagen, auf welchen seit ihrer Errichtung nach französischen Kilogrammen gewogen worden war (§ 50), wird seit dem 1. März 1859 nach dem neuen Zentner und dessen Unterabtheilung in 100 Pfund gewogen.

den meisten Postvereinsstaaten (wie es eigentlich auch vorgeschrieben ist) das Pfund in 30 Loth, das Loth in Zehntel und Zwanzigstel getheilt wird, bei einigen Staaten dieses Vereins aber die Eintheilung desselben in 32 Loth und des Lothes in Halbe, Viertel, Achtel und Sechzehntel Statt findet. Daher kommt es, daß in den Staaten mit der Dreißigtheilung die Grenze des einfachen Portosatzes für Briefe nach dem übrigen Postvereinsgebiete mit einem Loth ausschließlich, in den Postvereinsstaaten mit der Zweiunddreißigtheilung dagegen mit einem Loth einschließlich bestimmt werden muß, wodurch die kaum gewonnene Einheit gerade in einem höchst wichtigen Theile, nämlich in der Festsetzung der Gewichtsgröße für den einfachen Taxsatz, wieder aufgehoben ist. Bei den österreichischen Poststellen bestand sogar in der Unterabtheilung des Lothes (1/30 Zollpfund) wieder eine Verschiedenheit, indem dieses Loth in 23 Theile getheilt wurde, welche eigenthümliche Eintheilungsart indessen seit Oktober 1857 abgeschafft worden ist. Das Zollpfund wird seitdem zwar in 30 Loth und das Loth in Zehntel und Zwanzigstel getheilt, aber die eigentliche Gewichtsermittelung geschieht bei den österreichischen Poststellen in Wiener Gewicht (mit der Eintheilung des Pfundes in 32 Loth und des Lothes in Halbe, Viertel, Achtel und Sechzehntel). Die Angabe in Zollgewicht (unter Gleichstellung von 1 Zollpfund mit 28 4/7 Loth Wiener Gewicht) erfolgt dann in der Regel unter derjenigen im Wiener Gewicht.

Um diese im Gewichtswesen des deutsch-österreichischen Postvereins bestehenden Uebelstände möglichst zu beseitigen, wurde bei der vierten Konferenz dieses Vereins (welche vom 15. Mai bis 18. August 1860 in Frankfurt am Main versammelt war), nach öffentlichen Blättern, von Österreich und Preußen unter andern folgender Antrag*) gestellt: „Es wird beantragt, daß für den internationalen deutschen Postverkehr die Eintheilung des Zollpfundes in 30 Loth und des Lothes in Zehntel und Zwanzigstel, wo sie besteht, beibehalten werde, und daß von den übrigen

---

*) Hier nur so weit mitgetheilt, als es der betreffende Zweck erfordert.

Vereins-Postverwaltungen entweder dasselbe Gewichtsystem oder das Zollpfund mit der Eintheilung in 500 Theile (Grammen) angenommen werde. Im Gefolge dessen wird vorgeschlagen, zur Erzielung vollständiger Gleichmäßigkeit im Postvereine folgende weitere Bestimmungen zu treffen: a) Das Gewicht eines einfachen Briefes wird auf 15 Gramme ($^9/_{10}$ Loth) einschließlich festgesetzt; für jede 15 Gramm ($^9/_{10}$ Loth) mehr wird das Porto, resp. der Portozuschlag für einen einfachen Brief erhoben." u. s. f. Dieser Antrag ist, dem Vernehmen nach, von den zur Postkonferenz Abgeordneten angenommen worden, und bedarf nur noch der Bestätigung der betreffenden Oberbehörden.

§ 61. Die Eintheilung des Zollpfundes in 30 Loth ist, auf den Vorschlag Preußens, zuerst bei dem Zollvereine eingeführt worden. Da der Thaler ebenfalls in 30 Theile (Silbergroschen) getheilt wird, und da ferner bei der Zollerhebung alle Warenquantitäten unter 3 Loth (oder $^1/_{10}$ Pfund) außer Betracht bleiben, und nicht versteuert werden; so scheint es beinahe, daß diese Eintheilung zur Erleichterung für die Berechnung gewählt worden ist, eine Erleichterung, die durch eine solche unzweckmäßige Eintheilung freilich etwas theuer erkauft wäre. Diese Abweichung von der seither gebräuchlichen Eintheilung des Pfundes in 32 Loth und des Lothes in 4 Quentchen ist um so mehr zu bedauern, als Preußen ihr ebenfalls bei Einführung des Zollpfundes zum allgemeinen Landesgewichte gefolgt ist. Das neue Pfund wird nämlich in Preußen in 30 Loth, das Loth in 10 Quentchen, das Quentchen in 10 Zent, der Zent in 10 Korn getheilt. Noch kleinere Theile werden ohne besondere Benennung durch Dezimal-Bruchtheile des Korns angegeben. Wollte man das Halbiren des Pfundes, diese einfachste, weil natürlichste Theilungsmethode, aufgeben, und sich der zehntheiligen Eintheilung zuwenden, so hätte man solche gewiß zweckmäßiger gleich vom Pfunde an eintreten lassen sollen, wie es später auch bei der norddeutschen Gewichts-Konvention vom 7. November 1856 geschehen ist.

§ 62. Mit der Einführung dieses allgemeinen Landesgewichts in ganz Deutschland erhalten wir endlich einen Anfang zu der schon längst erwarteten nothwendigen Einheit in unserem Maßwesen. Leider hört aber die Einheit schon bei dem Pfunde auf, und die alte Vorliebe für die Verschiedenheit der Maße findet in den Unterabtheilungen des neuen Pfundes ein großes Feld, das sie auch schon recht hübsch angebauet hat. Hinsichtlich dieser abweichenden Eintheilungen des Pfundes können wir in Deutschland drei Hauptverschiedenheiten annehmen, wodurch wir also drei Staaten-Gruppen erhalten. Süddeutschland hält an der praktisch höchst brauchbaren Halbirungsmethode fest und läßt seine seitherige Zweiunddreißigtheilung fortbestehen. In der (von sechs Staaten am 7. November 1856 abgeschlossenen) norddeutschen Gewichtskonvention hingegen ist die Eintheilung des Pfundes rein zehntheilig. In der Mitte zwischen diesen beiden Gruppen steht Preußen (mit den beigetretenen Staaten), welches das Pfund in 30 Loth theilt und von da an erst die zehntheilige Eintheilung eintreten läßt.

§ 63. Zuerst sind die Staaten zu nennen, die das neue Pfund schon früher bei sich einführten: Baden, Hessen (Großherzogth.) und Nassau, so wie das landgräfl. hessen-homburgische Oberamt Meisenheim. Sie berücksichtigten den Verkehr, der Halbirungen verlangt, und behielten die seither gebräuchliche Eintheilung des Pfundes in 32 Loth und des Lothes in 4 Quentchen bei. Dieser Gruppe haben sich nun angeschlossen: Frankfurt am Main, Würtemberg (1. Januar 1860)*), welche beide neben den Halbirungen auch die zehntheilige Eintheilung des Pfundes gestatten, das landgräfl. hessische Amt Homburg (1. Januar 1860), die hohenzollern'schen Lande (1. Juli 1860).

Die zweite Gruppe bildet Preußen mit den beigetretenen Staaten. Nach dem preußischen Gesetze wird das Pfund in 30 Loth, das Loth in 10 Quentchen, das Quentchen in 10 Zent, der Zent in 10 Korn getheilt; noch kleinere Theile werden ohne besondere Benennung durch Dezimal-Bruchtheile des Korns an-

---

*) Die hinter den Ländern eingeklammerten Zeitangaben bezeichnen die gesetzliche Einführung des Zollgewichts als allgemeinen Landesgewichts, während in allen den Staaten, bei welchen eine solche Angabe fehlt, die Einführung des neuen Gewichts am 1. Juli 1858 erfolgt ist.

gegeben. Diese Gruppe besteht aus folgenden Staaten: Preußen, mit Einschluß des Jahdegebiets, aber ohne die hohenzollernschen Lande,*) Königreich Sachsen (1. November 1858), Kurhessen (1. Januar 1861)**), Weimar, mit Ausschluß des Amtsbezirks Ostheim, Mecklenburg-Schwerin (1. Juni 1861). Es sollen auch Viertelpfund- und Achtelpfundgewichte geeicht und im Verkehr zugelassen werden.***) Dasselbe gilt für Mecklenburg-Strelitz. Meiningen (1. Januar 1860), Altenburg (1. November 1858), Koburg, mit Ausschluß des Amtsbezirks Königsberg (1. Juli 1859), Gotha, Birkenfeld, Anhalt-Dessau-Köthen, Anhalt-Bernburg, Lippe (-Detmold)†), Reuß, ältere Linie, Reuß, jüngere Linie, Schwarzburg-Rudolstadt (1. Januar 1859), Schwarzburg-Sondershausen (1. Januar 1859), Waldeck mit Pyrmont.

Eine dritte Gruppe bilden die Staaten Hannover, Oldenburg, mit Ausschluß des Fürstenthums Birkenfeld (das sich in der zweiten Gruppe befindet), Braunschweig, Schaumburg-Lippe und die Hansestädte Bremen und Hamburg, welche unter einander am 7. November 1856 einen Vertrag abgeschlossen haben, der am 1. Juli 1858 in Kraft getreten ist. In dieser norddeutschen Gewichtskonvention wird das Pfund in 10 Neuloth, das Neuloth in 10 Quint, das Quint in 10 Halbgramm ge-

---

*) Die hohenzollernschen Lande gehören in Gemäßheit des königl. preußischen Gesetzes vom 26. März 1860 zu der ersten Gruppe.

**) In dem kurhessischen Gesetze vom 9. Mai 1860 ist das bisherige (Nürnberger) Medizinalgewicht bis zu anderweiter Verordnung als solches beibehalten, und im Juwelenhandel darf sich des (holländischen) Juwelenkarats auch in Zukunft bedient werden.

***) Auf das Medizinal- und Juwelengewicht findet die Verordnung keine Anwendung und bleibt wegen des ersteren weitere Bestimmung vorbehalten.

†) Das neueste fürstl. lippische Gesetz über Maß und Gewicht vom 12. August 1857 (Gesetzsammlung für das Fürstenth. Lippe v. J. 1857, Nr. 16) stimmt, bis auf das als allgemeines Landesgewicht unterm 24. Juni 1857 verordnete und unterm 1. Juli 1858 eingeführte Zollpfund, ganz überein mit der (oben in § 43 erwähnten) lippischen Verordnung vom 14. Dezember 1824.

5

theilt; noch kleinere Theile werden ohne besondere Benennung durch Dezimal-Bruchtheile des Halbgramms angegeben.*) Neben den eigentlichen zehntheiligen Gewichten sollen jedoch auch Viertelpfund- und Achtelpfundstücke geeicht und im Verkehre zugelassen werden. Die norddeutschen Gewichte Loth und Quint sind also dreimal so schwer als die gleichnamigen preußischen Gewichte.

Auf das Münzgewicht und auf das Wägen von Gold und Silber in unverarbeitetem wie in verarbeitetem Zustande, so wie auf die Eintheilung des Pfundes bei den Postverwaltungen bezieht sich diese Uebereinkunft nicht.

Dieser Gruppe ist noch anzureihen: 1) Das Herzogthum Holstein, in welchem durch ein am 21. Mai 1859 publizirtes Gesetz vom 1. Januar 1860 an das metrische Pfund von 500 Gramm als Handelsgewicht eingeführt wird. Das Pfund wird in Zehntel, Hundertstel und Tausendstel getheilt. Das Zehntel-Pfundstück und die Größen zwischen demselben und dem Pfundgewichte werden allein nach ihrem Bruchtheilsverhältniß zum Pfunde (0,1 Pfund), das halbe, viertel und achtel Pfund jedoch zugleich als solche und ihrem Dezimalbruchwerthe nach ($\frac{1}{2}$ $\frac{1}{4}$ $\frac{1}{8}$ Pfund = 0,5 0,25 0,125 Pf.) bezeichnet. Dagegen heißt das Hundertstel-Pfundstück Quentin oder Quint (Q.), das Tausendstel-Pfundstück Ortgen oder Tausendstel (t.). Kleinere Theile als dieses letztere werden ohne individuelle Benennung bloß nach ihrem Dezimal-Theilverhältniß zum Ortgen bezeichnet. Das Landesgewicht ist ebenfalls beim Wägen von Gold und Silber im unverarbeiteten wie im verarbeiteten Zustande anzuwenden, anstatt des bisher dafür gebräuchlichen Kölnischen Gold- und Silbergewichts.

2) Der Freistaat Lübeck. Ein Gesetz vom 7. Mai 1860 verordnet als Einheit des Landesgewichts, vom 1. Januar 1861

---

*) Da die kleineren Unterabtheilungen des neuen Pfundes im gewöhnlichen Verkehr beinahe gar nicht vorkommen, so konnte man dem zehnten Theile des Quint den Fremdnamen „Halbgramm" ohne Bedenken und um so mehr beilegen, als derselbe auf das Verhältniß zum französischen System unmittelbar hinweist.

an, das Pfund von 500 französischen Gramm.*) Es wird eingetheilt in 10 Zehntel (Neuloth), zu 10 Hundertstel (Quint, Quentin), zu 10 Tausendstel (Halbgramm, Ortgen); kleinere Theile werden ohne besondere Benennung durch Dezimal-Bruchtheile des Tausendstel bezeichnet. Ausnahmsweise werden auch Viertelpfund- und Achtelpfundstücke vorläufig zugelassen. Für das Münzwesen bildet „bis auf Weiteres die Mark von 233,855 Gramm" (also die bisherige Vereinsmark) die Einheit. Für den Juwelenhandel ist das (holländische) Juwelenkarat in der Schwere von 0,411788 Tausendstel die Einheit. Die Größe des Medizinalpfundes ist „bis auf Weiteres" zu 360 Gramm bestimmt: die Eintheilung desselben in 12 Unzen u. s. f. bleibt die bisherige. Die Eintheilung des Postpfundes bleibt wie bisher in 30 Loth.

3) Das Großherzogthum Luxemburg, in welchem das Kilogramm — also das doppelte Zollpfund — die Einheit des Landesgewichts bildet.

Nach den vorstehenden Angaben ist das Zollpfund nun in allen deutschen Bundesstaaten zum allgemeinen Landesgewichte angenommen worden, die folgenden ausgenommen: 1) Oesterreich, 2) Baiern (ohne die baierische Rheinpfalz), 3) Liechtenstein.

§ 64. In mehreren der genannten Staaten selbst finden aber auch Gewichtsverschiedenheiten in dem Falle Statt, wenn die Eintheilung des Zollvereins-Pfundes oder die Eintheilungen des Postvereins-Pfundes (§ 60) nicht mit den Unterabtheilungen des neuen Landesgewichts-Pfundes in dem betreffenden Staate übereinstimmen. Also neue Verschiedenheiten in einem und demselben Staate!

Ferner entstehen abermals neue Verschiedenheiten dadurch, daß manche Staaten bei Einführung des neuen Gewichts alle ihre bisherigen Gewichte abschaffen, andere Staaten dagegen neben dem neuen Pfunde noch einige alte Gewichte für besondere

---

*) Im Art. 2 dieses Lübecker Gesetzes heißt es. „Ein Urgewicht des neuen Pfundes, dem durch § 1 des preußischen Gesetzes vom 17. Mai 1856 eingestellten Urpfunde des preußischen Landesgewichts entsprechend, ist im Rathhause niederzulegen und daselbst aufzubewahren." Man vergleiche hiermit das oben, § 58 am Ende, in Betreff Hamburgs Gesagte.

Gegenstände fortbestehen lassen. Diese letzteren sind hauptsächlich das Medizinal- oder Apothekergewicht und das Juwelengewicht. Die Staaten der ersten Gruppe, mit Ausnahme der Hohenzollernschen Lande, haben beide Gewichte bis jetzt unverändert beibehalten. In dem preußischen Gesetze hingegen wird das bisherige Medizinalgewicht ganz abgeschafft und an dessen Stelle das allgemeine Landesgewicht (das Zollpfund) gesetzt, die wirkliche Einführung desselben aber einer späteren noch zu bestimmenden Zeit vorbehalten. In der norddeutschen Gewichtskonvention hat man, unter Wegfall eines besonderen Medizinalpfundes, die übrigen bisherigen Apothekergewichte in ihren Eintheilungen und Benennungen beibehalten, und solche durch unbeträchtliche Abänderung in ihrer Schwere mit dem neuen Landesgewichte in ein einfaches Verhältniß gebracht. Die neue Unze wiegt hiernach 6 Quint oder 30 Gramm, und kommt mithin genau mit dem jetzigen baierischen Medizinalgewichte überein. In Deutschland waren bisher (außer dem etwas schwereren österreichischen) vier verschiedene Medizinalgewichte gebräuchlich, die aber hinsichtlich der Schwere nicht bedeutend von einander abweichen und dabei alle eine gleiche Eintheilung haben: das preußische, baierische, das alte Nürnberger und das neue badische. Da das baierische Gewicht mit dem in der norddeutschen Konvention angenommenen gleich ist, die drei andern Gewichte voraussichtlich aber in Deutschland noch lange Zeit fortbestehen werden, so wird in Zukunft zu den bisherigen vier Medizinalgewichten in dem neuen preußischen Pfunde noch ein fünftes hinzukommen. (Vergl. § 71 u. folg.)

Nach dem preußischen Gesetze soll ein von dem Handelsgewichte abweichendes Juwelengewicht ferner nicht Statt finden. In der norddeutschen Konvention hingegen, so wie in dem holsteinischen Gesetze, ist das bisherige (holländische) Juwelenkarat, in der oben bei den Frankfurter Gewichten (§ 59) angegebenen Schwere, als besonderes Gewicht, beibehalten worden. Die Beibehaltung desselben neben dem neuen Landesgewichte (welche auch bei einigen Staaten der zweiten Gruppe Statt findet) kann man gewiß nur billigen; denn ein solches nur für

Edelsteine und Perlen bestimmtes überall als gleich geltendes Gewicht, in welchem die Juwelenhändler aller europäischen Staaten ein allgemeines Verständigungsmittel finden, ist in der Wirklichkeit ohnehin schwer abzuschaffen. Das Juwelenkarat ist selbst in Frankreich noch jetzt gültig und von dem metrischen Gewichte nicht verdrängt worden.

So sieht es mit der deutschen Einigung im Gewichtswesen aus. Es ist sehr zu bedauern, daß man zur Erzielung einer allgemeinen Einigung in dieser wichtigen vaterländischen Angelegenheit nicht denselben Weg gewählt hat, der seither für solche gemeinsame staatliche Einrichtungen (Wechselordnung, Postverein, Münzverträge, Handelsgesetzbuch ec.) mit so vielem Erfolge eingeschlagen worden ist, den Weg der gemeinsamen Berathung. Der Riß ist nun einmal geschehen und die in ihren Folgen höchst nachtheilige Verschiedenheit der Gewichts-Eintheilung wird vielleicht eine sehr lange Zeit Bestand haben, wenn nicht das dringende Bedürfniß nach Gleichförmigkeit im Maßwesen und die große Vorliebe unserer Zeit für die Dezimal-Eintheilung eine allgemeine Annahme dieser letzteren Eintheilungsweise nach der norddeutschen Gewichtskonvention endlich noch herbeiführen.

§ 65. In mehreren Staaten sind gleichzeitig mit der Verordnung über die Einführung eines allgemeinen Landesgewichts auch noch Bestimmungen über andere Maße erfolgt. So enthält das betreffende königl. sächsische Gesetz vom 12. März 1858 auch Bestimmungen der Längen-, Flächen- und Hohlmaße für den inländischen Verkehr mit Ausschluß aller lokalen Maße, vom 1. November 1858 an gültig.*)

Durch Gesetz vom 6. Mai 1858 wurde für die Unterherrschaft des Fürstenthums Schwarzburg-Sondershausen der preußische Scheffel als Fruchtmaß eingeführt, vom 1. Januar 1859 an gültig.

---

*) Gesetz die Einführung eines allgemeinen Landesgewichts und einige Bestimmungen über das Maß- und Gewichtswesen im Allgemeinen betreffend; nebst dazu gehöriger Eichordnung und Instruktion für die Normaleichungs-Kommission und die Eichämter; vom 12. März 1858. Dresden, 1858. 8.

Durch Gesetz vom 20. Mai 1859 erfolgte in der Unterherrschaft des Fürstenthums Schwarzburg-Rudolstadt die Einführung des preußischen Scheffels als Fruchtmaß und des preußischen Quarts als Gemäß für Flüssigkeiten, vom 1. October 1859 an gültig.

Durch landgräfliche Verordnung vom 8. Oktober 1858 wurden in dem Amte Homburg vom 1. Januar 1860 an folgende neue Hohlmaße eingeführt: 1. Flüssigkeitsmaß. Die Ohm hat 80 Maß, die Maß hat 2 halbe Maß oder Flaschen, die halbe Maß 2 Schoppen. Die Maß hält 2 Liter und die Ohm daher 160 Liter. 2. Fruchtmaß. Das Malter hat 4 Simmer, das Simmer hat 4 Kumpf, der Kumpf hat 4 Gescheid, das Gescheid 4 Mäßchen. Das Gescheid ist der Flüssigkeits-Maß gleich. Daher hält das Malter 128 Liter. Beide Hohlmaße kommen mit den im Großherzogthum Hessen eingeführten überein.

§ 66. Der preußisch-österreichische Handels- und Zollvertrag vom 19. Februar 1853 setzt (im Separat-Artikel 10) fest, daß die Unterhandlungen über eine allgemeine Münz-Konvention sich auch auf gemeinsame Bestimmungen über den Feingehalt von goldenen und silbernen Geräthschaften erstrecken soll. Auf der Wiener Münz-Konferenz haben deshalb auch Verhandlungen zur Erzielung gemeinsamer Bestimmungen über Feingehalt und Controlirung der Gold- und Silberwaren Statt gefunden. Der für diesen Zweck ausgearbeitete Vertrags-Entwurf ist aber nicht zur Ausführung gekommen, und es bleiben also vor der Hand die hinsichtlich des erwähnten Feingehaltes bisher in den deutschen Staaten eingeführten Gesetze und Observanzen in ihren großen Verschiedenheiten noch fortbestehen. Da aber in Folge des Wiener Münzvertrags vom 24. Januar 1857 und der von den vertragenden Staaten erlassenen Verordnungen das Zollpfund an die Stelle der Kölnischen Mark (Vereinsmark), und zwar mit Dezimaleintheilung für Münzen und Münzmetalle, getreten ist; so sollte hiernach auch die bisherige unbequeme und mangelhafte Bezeichnung des Feingehaltes nach der doppelten Eintheilung der Mark in 16 Loth à 18 Grän für Silber- und in 24 Karat à 12 Grän für Goldwaren, nicht mehr angewendet werden. Der oben er-

Maßwesen. 71

wähnte Vertragsentwurf der Wiener Münzkonferenz schreibt vor, daß der Feingehalt sowohl bei Gold= als bei Silberwaren anstatt in Karaten und Lothen in Hunderttheilen ausgedrückt werden soll. Die Bezeichnung mit 90 (Hunderttheilen) bedeutet hiernach 9/10 fein und 1/10 Zusatz, 75 (Hunderttheile) bezeichnet 3/4 fein und 1/4 Zusatz, u. s. f. Es kommen mithin 90 Hunderttheile oder 9/10 fein nach alter Bezeichnungsweise überein mit 21 Karat 7 1/5 Grän feines Gold und 14 Loth 7 1/5 Grän feines Silber; und 18 karatiges Gold, so wie 12 löthiges Silber ist gleich 75 Hunderttheilen fein.*) Das Königreich Sachsen ist meines Wissens der erste und bis jetzt einzige deutsche Staat, welcher die erwähnte bisherige Bezeichnungsweise abgeschafft hat. Eine Verordnung vom 22. November 1858 setzt nämlich fest, „daß der Feingehalt der Gold= und Silberwaren künftig durch Zahlen und zwar nach Hunderttheilen bezeichnet werden soll."**)

§ 67. Die Einführung des Zollpfundes als des allgemeinen Landesgewichts in Deutschland ist, ungeachtet der freilich sehr zu beklagenden Verschiedenheit in der Eintheilung desselben, doch immer ein bedeutender Schritt vorwärts in der deutschen Maßeinigung. Aber die bei dieser Einführung von den deutschen Staaten hinsichtlich des Medizinal= oder Apotheker= Gewichts getroffenen verschiedenen Anordnungen sind leider ein Schritt rückwärts in dieser Angelegenheit, indem sie in die deutschen Medizinalgewichte eine große Verwirrung bringen, wie hier gezeigt werden soll. Das viele Jahrhunderte alte Nürnberger Apothekergewicht***) ist die Mutter nicht nur der deutschen,

---

*) Da die neue Bezeichnungsweise des Feingehaltes der edlen Metalle in Deutschland noch nicht allgemein bekannt ist, so habe ich in meinem „Frankfurter Geschäfts-Handbuch", S. 39—41, Tafeln aufgestellt, nach welchen die Dezimalwerthe in dem alten Ausdrucke und umgekehrt, entweder sogleich oder bloß durch eine Addition, gefunden werden können.

**) Gesetz- und Verordnungsblatt für das Königreich Sachsen. 17. Stück, vom Jahre 1858. Dresden.

***) Zu Nürnberg erschien auch im Jahre 1532 die erste gesetzliche deutsche Pharmakopöie.

sondern überhaupt der meisten Medizinalgewichte. Die verschiedenen Angaben über die wahre Schwere dieses Gewichts weichen häufig von einander ab. Aber die Gewichte selbst stimmen auch nicht mit einander gehörig überein, und können wohl nicht genau übereinstimmen, weil selbst in Nürnberg kein echtes Original mehr vorhanden ist und diese Gewichte daselbst fabrikmäßig, zwar äußerst wohlfeil, aber auch häufig sehr ungenau, besonders in den kleineren Theilen, noch immer zur Versorgung mancher Länder verfertigt werden. Auch sind diese Angaben, selbst in den Pharmakopöien, in sehr vielen Fällen, nicht aus einer unmittelbaren Vergleichung der Gewichte, sondern nur aus nachgeschriebenen, nicht geprüften Verhältnissen hervorgegangen.*)

§ 68. Aus den vielen mit großer Sorgfalt von Chelius angestellten Untersuchungen über die wahre Schwere des alten Nürnberger Medizinalpfundes ergibt sich: 1) daß dasselbe 357,854 Gramm wiegt; 2) daß dieses Gewicht eigentlich und zuverlässig das alte Nürnberger Silbergewicht ist, von welchem zwei Loth genau mit einer Unze Nürnberger Apothekergewicht, also 1 Pfund von diesem mit ³/₄ Pfund von jenem übereinkommt; 3) daß dies Medizinal- (oder alte Nürnberger Silber-) Gewicht noch jetzt fast dieselbe Schwere als vor 300 Jahren und seit dieser Zeit wirklich keine bedeutende Veränderung erlitten hat. Da die Abweichungen des Nürnberger Medizinalgewichts in den verschiedenen deutschen Staaten, wo es noch gesetzlich gilt, für die Praxis unbedeutend sind; so wird dasselbe mit Recht als gleich schwer in den Offizinen dieser Länder betrachtet. An die Stelle dieses Gewichts ist aber in mehreren deutschen Staaten in neuerer Zeit das seitherige preußische Medizinalgewicht getreten,**) das im Jahre 1816 auf ³/₄ Pfund des preußischen Landesgewichts festgesetzt worden war. Die offizielle Bestimmung des letzteren erfolgte indessen erst im Jahre 1825.***) (Vom Jahre

---

*) Man sehe über diesen Gegenstand den von mir bearbeiteten Artikel „Medizinal- oder Apothekergewicht" in Schiebe's Universal-Lexikon der Handelswissenschaften.
**) S. mein Frankfurter Geschäfts-Handbuch, S. 58.
***) Man sehe hierzu § 41 am Ende, so wie § 58, erste Note.

1786 bis ins Jahr 1816 bestand auch in Preußen gesetzlich das alte Nürnberger Medizinalgewicht.)

§ 69. In Deutschland waren geraume Zeit (außer dem etwas schwereren österreichischen von 420,009 Gramm) nur drei verschiedene Medizinalpfunde gebräuchlich, bei welchen die (von dem alten römischen Pfunde herstammenden) Benennungen der Gewichtstufen und Eintheilungen ganz gleich sind, und die auch hinsichtlich der Schwere nicht bedeutend von einander abweichen: das eben erwähnte alte Nürnberger (von 357,854 Gramm), das baierische seit 1811 (von 360 Gramm) und das preußische seit 1816 (von 350,783 Gramm). Dazu kam im Jahre 1854 noch ein viertes, das neue badische Medizinalpfund (von 375 Gramm).

§ 70. Bei der Einführung des Zollgewichts als Landesgewicht wäre nun freilich das einfachste und natürlichste gewesen, diese vier besonderen Gewichte ganz abzuschaffen und für alle Gegenstände des Verkehrs nur ein und dasselbe Gewicht, das Zollpfund, anzuwenden. Wollte man aber eine solche Maßregel wegen der damit verbundenen Nachtheile und der Schwierigkeit in der Ausführung nicht ergreifen; so hätte man sich wenigstens über ein einziges besonderes deutsches Medizinalgewicht verständigen sollen. Für einen solchen Fall (wenn nämlich neben dem allgemeinen Gewichte noch ein besonderes Medizinalgewicht für nöthig gehalten würde) enthält mein im Jahre 1849 erschienener „Vorschlag zu einem allgemeinen deutschen Maß-, Gewicht- und Münz-System" das Folgende: „Das Medizinalpfund beträgt genau $3/4$ Pfund des neuen Gewichts, und wiegt folglich 375 Gramm. Die Eintheilung desselben bleibt die bisherige." Dieses Medizinalpfund steht mithin in einem sehr einfachen Verhältnisse zum neuen Landesgewichte und enthält in allen den Staaten, welche das neue Pfund (von 500 Gramm) in 32 Loth eintheilen, genau 24 Loth, die Unze also genau 2 Loth und die Drachme genau 1 Quentchen des neuen Landesgewichts. Und dieses für den erwähnten Fall von mir vorgeschlagene deutsche Medizinalgewicht ist im Großherzogthum Baden (durch eine Verordnung vom 10. Februar 1854) am

1. Juli 1854 anstatt des bisherigen alten Nürnberger Apotheker=
gewichts mit Beibehaltung der seitherigen Eintheilung gesetzlich
eingeführt worden und besteht daselbst noch gegenwärtig. (Vergl.
§ 74.)

§ 71. Da man es aber bei Einführung des Zollgewichts
als allgemeinen Landesgewichts leider unterlassen hat, zur Er=
zielung einer vollständigen Einigung den Weg der gemeinsamen
Berathung einzuschlagen; so ist auch in den verschiedenen Medi=
zinalgewichten der deutschen Staaten keine Uebereinstimmung
erreicht worden, und der so günstige Zeitpunkt dafür ist unbenutzt
vorüber gegangen. Im Gegentheil scheint in diese Gewichte künf=
tig eine große Verwirrung kommen zu sollen, wie ich gleich
zeigen werde. In der norddeutschen Gewichtskonvention
vom 7. November 1856 (§ 63, dritte Gruppe) hat man, unter
Wegfall eines besonderen Medizinalpfundes, die übrigen bis=
herigen Gewichtstufen desselben mit ihren Benennungen bei=
behalten, solche aber durch unbeträchtliche Abänderungen in
ihrer Schwere mit dem neuen Landesgewichte in ein rationelles
Verhältniß gebracht. Die neue Unze wiegt hiernach 6 Quint
Landesgewicht oder 30 Gramm und kommt mithin genau mit
dem jetzigen baierischen Medizinalgewichte überein.

Mehrere Staaten haben dagegen neben dem neuen Landes=
gewichte ihr seitheriges besonderes Medizinalgewicht ganz unver=
ändert beibehalten, wie Würtemberg, Großherzogthum Hessen,
Nassau, Frankfurt am Main, Hessen=Homburg u. a.

Den einfachsten Weg, nämlich das neue allgemeine Landes=
gewicht (das Zollpfund) auch als Medizinalgewicht anzuwenden,
hat Preußen eingeschlagen, und in dem Gesetze vom 17. Mai
1856 sein bisheriges Medizinalgewicht ganz abgeschafft, die wirk=
liche Einführung des neuen aber einer späteren noch zu bestim=
menden Zeit vorbehalten. Die darüber zu erwartende Ver=
ordnung ist bis jetzt noch nicht erschienen, da zu diesem Zwecke
zuvor die Pharmakopöie und die Arzeneimittel=Taxe umgearbeitet
werden müssen. Dem neuen preußischen Gewichtsystem haben sich
bekanntlich mehrere Staaten (§ 63) angeschlossen; ob sie aber alle

das neue preußische Medizinalgewicht, nach seiner Einführung in Preußen, ebenfalls annehmen werden, ist sehr zu bezweifeln.

§ 72. Zu den oben (§ 64) angeführten bisherigen vier oder, mit dem österreichischen, eigentlich fünf verschiedenen deutschen Medizinalgewichten wird also künftig in dem neuen preußischen Medizinalpfunde noch ein sechstes hinzukommen. Und dieses sechste neue Medizinalgewicht ist sowohl in den Benennungen seiner Unterabtheilungen und in seiner Eintheilung selbst, als auch hinsichtlich seiner Schwere von den sämmtlichen seither gebräuchlichen Medizinalgewichten durchaus verschieden. Das sind aber sehr große Uebelstände für die Ärzte, die Apotheker und — die Kranken! Preußen erschwert durch die Einführung dieses neuen Gewichts seinen Ärzten und Apothekern den Gebrauch der ganzen gegenwärtigen praktischen medizinischen Literatur Deutschlands und der vielen fremden Staaten, die das Nürnberger Gewichtsystem besitzen, so wie umgekehrt die künftigen preußischen medizinischen Schriften für alle die Länder, in welchen das neue preußische Medizinalgewicht nicht eingeführt ist, sehr an ihrer Brauchbarkeit verlieren werden, indem in beiden Fällen die Ärzte jede Angabe über die Dosen der Arzeneien durch eine unbequeme, dabei ungenaue und nur annähernde Umrechnung sich erst verständlich machen müssen. Bei einer solchen mühsamen Reduktion der alten Gewichtseinheiten auf die neuen preußischen Werthe und umgekehrt, ergeben sich aber Zahlen mit Brüchen, die zu Rezepten und zur Ausführung für die Apotheker nicht geeignet sind, und daher erst eine annähernde Abänderung der einzelnen Gaben erfordern. Ferner wird die künftige preußische Pharmakopöie durch Annahme des neuen Gewichtsystems sehr viel von dem Ansehen verlieren, das sie bisher in Deutschland genossen hat, und das geeignet war mit der Zeit eine gewisse Uebereinstimmung der deutschen Pharmakopöien in den Vorschriften für die zusammengesetzten Mittel herbeizuführen, die nun aber eben dadurch in diesem Stücke aufgehoben wird. Denn die bisherigen Verhältnisse der Bestandtheile in zusammengesetzten Mitteln werden nothwendigerweise Abänderungen in der neuen Vorschrift erleiden, wie sie sich für die aus dem neuen Gewichtsystem entnommenen ganzen Zahlen (ohne Brüche) ergeben. Aus dieser veränderten Zusammensetzung und folglich auch verschiedenen Wirkung der neuen Präparate (mit alten Namen) entsteht besonders für die Grenzbewohner des preußischen Staates und der Nachbarländer ein großer Uebelstand, der auch begreiflich selbst dann bleibt, wenn die Apotheker der beiden Grenzgebiete die abweichenden Medizinalgewichte der beiden Länder besitzen. Anderer Mißgriffe und Mißverständnisse gar nicht zu gedenken, welche leicht entstehen können, wenn Rezepte mit neuen preußischen und umgekehrt solche mit alten Medizinalgewichten in Apotheken gelangen, welche das (materielle) Gewicht nicht besitzen, das im Rezepte angewendet ist.*)

§ 73. Die auf diesem Gebiete erfolgten und hier dargelegten Veränderungen sind aber keine Verminderung, sondern eine Vermehrung der Gewichtsverschiedenheiten und der daraus erwachsenden Nachtheile, kein Fortschritt, sondern ein Rückschritt in der endlich angebahnten Einheit des deutschen Maßwesens. So wenig sich alle deutsche Staaten durch Preußens Vorangehen in der Eintheilung des neuen Pfundes in 30 Loth zu einer gleichen Annahme bewegen ließen, eben so wenig ist es wahrscheinlich, daß alle deutsche Regierungen sich zur Einführung des neuen preußischen Medizinalgewichts entschließen und ihre Länder den großen Nachtheilen einer solchen Veränderung aussetzen werden, und zwar um so weniger, als unser altes Medizinalgewicht sich schon viele Jahrhunderte als höchst zweckmäßig bewährt hat, und (dem Juwelengewichte gleich) zu einer Sprache geworden ist, in welcher die Ärzte und Apotheker fast aller zivilisirten Länder ihre Arzneigaben zu denken und auszudrücken gewohnt sind. Im Gegentheile darf man der Hoffnung Raum geben, daß Preußen, bewogen durch die Aufklärungen der Ärzte des Landes selbst über die Nachtheile des neuen Gewichts, und durch die bedeutenden Schwierigkeiten, die sich bei der Umarbeitung seiner Pharmakopöie

---

*) Man sehe darüber die Schrift: Ueber die Reform der Medizinalgewichte der deutschen Staaten, ... Von Medizinalrath Dr. R. Köhler zu Stuttgart. Erlangen, 1858. gr. 8.

in Betreff der Reduktion der alten Gewichtsbestimmungen in die entsprechenden neuen herausstellen werden, von selbst den Plan der Einführung seines Handelsgewichts als Medizinalgewicht aufgibt.*) Dann wird auch dieser Staat sicher geneigt seyn zu Verhandlungen mit andern deutschen Staaten, um endlich eine Einigung über ein gemeinsames deutsches Medizinalgewicht zu Stande zu bringen.

§ 74. Sollte man ein besonderes Medizinalgewicht für Deutschland nothwendig oder höchst zweckmäßig halten, so entsteht zunächst die Frage, ob eins unter den bestehenden und welches unter denselben sich dazu am besten eignen möchte. Die Anforderungen an das neue Medizinalgewicht werden sich wohl in die folgenden zusammenfassen lassen:

---

*) Man sollte sich in Preußen die Vorgänge, die in Frankreich bei Einführung des neuen Medizinalgewichts Statt fanden, zur Warnung dienen lassen. Ein volles halbes Jahrhundert hat dazu gehört, das metrische System daselbst auch in der Medizin ganz einheimisch zu machen und den Widerstand der Ärzte und Apotheker gegen dasselbe zu beseitigen. Und doch war hier nur ein einziges altes Medizinalgewicht — das Pariser — in einem und demselben Staate, und nicht mehrere in vielen Staaten, wie in Deutschland, zu bekämpfen. Man kann nämlich annehmen, daß in Frankreich erst seit wenigen Jahren das neue metrische Medizinalgewicht wirklich ganz die Stelle des alten Pariser Medizinalgewichts eingenommen hat, das heißt: das letztere ist nicht bloß aus der neueren medizinischen Literatur Frankreichs verschwunden, sondern die französischen Ärzte denken gegenwärtig ihre Dosen wirklich gleich im Grammengewichte und verschreiben dem Dezimalsysteme gemäß z. B. Arzeneigaben von 25, 50, 75, 100 ꝛc. Grammen, während sie noch vor 15 bis 20 Jahren ihre Dosen zuerst in den gewohnten Unzen, Drachmen ꝛc. des alten Gewichts (welche ihnen damals nur allein eine klare Vorstellung der zu verschreibenden Gewichtsgrößen gewährten) dachten und alsdann diese Werthe in dem annähernden Betrage des ihnen noch nicht geläufigen Grammengewichts (der Pharmacopoea gallica von 1837 gemäß) ausdrückten. Näheres über das alte französische Medizinalgewicht von 489,506 Gramm, mit der Eintheilung in Unzen, Drachmen ꝛc., über das Übergangsgewicht vermittelst der livre usuelle von 500 Gramm und über das neue französische rein metrische Medizinalgewicht enthalten die folgenden Schriften: Maß- und Gewichtsbuch von Chelius, 3. Auflage, S. 158 f.; meine Vergleichungstafeln der Gewichte ꝛc., S. 30 flg.; mein Frankfurter Geschäfts-Handbuch, S. 57 f.; so wie mein Vorschlag zu einem allg. deutschen Maß-, Gewicht- und Münz-System, S. 7 flg.

1) Beibehaltung der bisherigen Eintheilung des Medizinalgewichts.

2) Geringe Abweichung von den bisherigen Werthen der Medizinalgewichte.

3) Ein einfaches Verhältniß zwischen dem neuen Medizinal- und dem allgemeinen Landesgewichte.

Hiernach würde sich zum allgemeinen deutschen Medizinalgewichte wohl am besten das von mir vorgeschlagene (in § 70 erwähnte) Medizinalpfund von 375 Gramm (mit der bisherigen Eintheilung) eignen. Dasselbe steht ungefähr in der Mitte zwischen dem schwereren österreichischen und dem leichteren (alten) preußischen Medizinalgewichte und entspricht überhaupt den an ein solches Gewicht oben gemachten Anforderungen. Auch ist es das Medizinalgewicht im Großherzogthum Baden seit 1854, in der Schweiz seit 1856 und in den Niederlanden seit 1821, und stimmt sehr nahe überein mit den Medizinalgewichten von England (Schottland und Irland), so wie den nordamerikanischen Freistaaten.*)

§ 75. Außer diesem von mir vorgeschlagenen Medizinalgewichte dürfte nur noch eins unter den bestehenden sich dazu eignen, bei der Wahl eines allgemeinen deutschen Medizinalgewichts mit in Vorschlag gebracht zu werden: das baierische Medizinalgewicht, das Pfund zu 360 Gramm. Dasselbe steht freilich zum Handelsgewichte (dem Pfunde von 500 Gramm) nicht in dem bequemen Verhältnisse wie das vorgeschlagene oder jetzige badische, hat aber dagegen eine viel geringere Abweichung von dem alten Nürnberger Gewichte und eine bessere Uebereinstimmung mit dem französischen Grammengewichte als das badische. Mit dem baierischen Medizinalgewichte kommt das oben (§ 64 und § 71) erwähnte neue Medizinalgewicht der norddeutschen Gewichtskonvention vom 7. November 1856 genau überein, nur mit dem Unterschiede, daß bei diesem das bisherige Medizinal-

---

*) In Belgien, wo das Medizinalpfund von 375 Gramm ebenfalls eingeführt war, ist nach dem Gesetze vom 1. Oktober 1855 an dessen Stelle das französische Medizinalgewicht, vom 1. Januar 1856 an, getreten.

pfund von 12 Unzen ganz wegfällt, und an dessen Stelle das neue Pfund des Landesgewichts von 500 Gramm tritt, welches mithin als Medizinalpfund $16^{2}/_{3}$ Unzen enthält. Und diese Abänderung ist in mehrfacher Hinsicht ein Uebelstand.

§ 76. Nach der Einführung eines gemeinsamen Gewichts darf man wohl hoffen, daß auch bald eine Vereinigung über ein **allgemeines deutsches Längenmaß** zu Stande kommen werde. Da es wohl keinem Zweifel unterliegt, daß das französische metrische Maßsystem auch die Grundlage für unsere künftigen deutschen Raummaße (Längen=, Flächen= und Körpermaße) bilden wird, so ist nur die Frage, welchen Theil des französischen Meters man für das Längenmaß wählen soll. Denn der Meter selbst hat eine unschickliche Größe, welche von dem allgemeinen Maße, an dessen Stelle sie treten soll, — dem Fuße — zu sehr abweicht, und kann daher bei uns nicht als erstes Maß in das praktische Leben eingeführt werden. In meinem „Vorschlag zu einem allgemeinen deutschen Maß=, Gewicht= und Münz=System" habe ich die Einheit des Längenmaßes, den Fuß, zu drei Zehntheilen des französischen Meters angenommen, mit zehntheiliger Eintheilung. Dieser Fuß ist dem badischen, nassauischen und dem neuen schweizerischen Fuße ganz gleich und seine Länge weicht nicht sehr von dem Mittel aus den verschiedenen bisher in Deutschland üblichen Fußmaßen ab. Die Elle ist, nach meinem Vorschlage, zwei Fuß lang, und wird in Halbe, Viertel, Achtel und Sechzehntel eingetheilt. Diese Elle kommt mit der in Baden, im Großherzogthum Hessen, in Nassau und im landgräflich hessen=homburgischen Oberamte Meisenheim, so wie mit der neuen schweizerischen Elle genau überein. Die Länge dieser Elle ist ebenfalls ungefähr die mittlere Größe der in Deutschland gebräuchlichen Ellenmaße. Die Ruthe, als geometrisches Längenmaß dienend, habe ich zu zehn Fuß (= 3 Meter) angenommen. Diese Ruthe ist mit der badischen, nassauischen und der neuen schweizerischen Ruthe völlig übereinstimmend. Man sehe hierzu die §§ 28 bis 31.

Die Frage, welche Größe für den künftigen allgemeinen deutschen Fuß anzunehmen sey, ist seither bei mehreren Gelegenheiten erörtert worden. Im Allgemeinen hat sich eine große

Mehrheit für die Annahme des (von mir schon im Jahre 1848 vorgeschlagenen) badischen Fußmaßes ausgesprochen. Dieses war nach Mittheilungen in öffentlichen Blättern, auch der Fall auf der General-Versammlung deutscher Eisenbahnverwaltungen, welche Ende Juli und anfangs August 1860 in Danzig Statt fand. Für die Einführung eines einheitlichen Maßes bei den deutschen Eisenbahnen waren im Wesentlichen zweierlei Fußmaße, der preußische (rheinländische) und der badische, in Vorschlag gebracht worden; eine überwiegende Mehrheit entschied für den letzteren unter der Benennung „Vereinsfuß", mit der Eintheilung in zehn „Vereinszoll" zu zehn „Vereinslinien". Aufwärts sind zehn Fuß = einer „Vereinsruthe", 25000 Fuß oder 2500 Ruthen = einer „Vereinsmeile."

§ 77. Durch das vorstehend und weiter oben (in den §§ 28 bis 32) Gesagte glaubte ich die Frage über die Größe der Grundeinheit des künftigen deutschen Maßsystems hier für meinen Zweck hinreichend erörtert zu haben. Seitdem sind aber wieder zwei hierauf bezügliche Schriften zu meiner Kenntniß gelangt, die mich, bei der Wichtigkeit dieses Gegenstandes für Deutschland, veranlassen, dem schon darüber Gesagten noch Folgendes hinzu zu fügen.

Ueber die auf der elften Versammlung deutscher Architekten und Ingenieure zu Stuttgart im September 1858 von dem Ober-Ingenieur Wilh. Nörbling er aus Paris angeregte Maßfrage (§ 30) wurde daselbst keine vollständige Uebereinstimmung erzielt, indem sich damals viele Mitglieder gegen den Meter und für Beibehaltung des preußischen (rheinländischen) Fußes aussprachen.*) Der Vorstand erhielt daher den Auftrag, fernere Maß-

---

*) Bei dieser Gelegenheit gedenke ich einer kleinen schätzbaren Schrift, welche im Februar 1849 der damals hier tagenden Nationalversammlung übergeben worden ist: „Deutsches Maass und Gewicht", unterzeichnet „G. Hagen" (königl. preußischer geheimer Ober-Baurath). Der Verfasser hält es für Pflicht, die Unsicherheit des französischen Maßes von neuem zur Sprache zu bringen, so wie an die große Sorgfalt, welche Preußen auf die Sicherstellung seines gesetzlichen Fußmaßes und dessen sichere und leichte Vervielfältigung verwendet hat, zu erinnern und diese Einrichtungen selbst

regeln in Vorschlag zu bringen und bei der nächsten Versammlung die Sache weiter zu verfolgen. Die zwölfte Versammlung deutscher Architekten und Ingenieure fand nun am 19., 20. und 21. September 1860 in Frankfurt am Main Statt; in der zweiten Sitzung derselben (am 20. September) wurde über die Maßfrage verhandelt. Auf den Wunsch des Vorsitzenden, in dieser Angelegenheit das Wort zu ergreifen, hielt der Direktor der polytechnischen Schule in Hannover Karmarsch einen längeren Vortrag, dem er einen Vorschlag zu einem einheitlichen deutschen Maßsystem zu Grunde legte. Diese Grundlage bildete der auf Veranlassung der hannoverschen Regierung ausgearbeitete Entwurf eines einheitlichen Maßsystems für Deutschland, welcher Entwurf gedruckt an die Mitglieder der Versammlung vertheilt worden war.*) Der Redner betrachtete als seine nächste Aufgabe die Rechtfertigung dieses Entwurfs, welche sich aber nur auf die Grundidee des aufgestellten Systems erstrecken könnte, da die ihm dazu gegebene Zeit nicht erlaubte, in die Einzelheiten der Aufstellung einzugehen, auch die anwesenden Mitglieder den vertheilten Entwurf zu kurze Zeit in Händen hätten, um sich mit dessen Inhalt näher bekannt zu machen. Derselbe stellte nun drei Grundbedingungen für ein allgemeines deutsches Maßsystem auf. Er forderte, daß dieses ein systematisches, in seinen einzelnen Theilen in einfachen Verhältnissen zusammenhängendes Ganzes sey, so daß auch zwischen den Maß- und Gewichtsgrößen ein solcher Zu-

---

näher zu bezeichnen. Es ist demselben nicht denkbar, daß man bei uns den Begriff des Meters an den Pariser Etalon von Platin knüpfen wird, der erst bei dem Gefrierpunkte seine konventionelle Länge annimmt, und der kein Urmaß, sondern in bestimmtem Verhältnisse von einem andern Urmaße abgeleitet ist. Gewiß (sagt derselbe) ist es viel leichter und für die Folge viel bequemer und sicherer, unmittelbar den in Deutschland einzuführenden Fuß in einem Urmaße darzustellen, und jede Beziehung zu dem französischen Meter zu vermeiden. U. s. w.

*) Dieser Entwurf hat den Titel: „Einheitliches Maßsystem für Deutschland. Im Auftrage des Königlich Hannoverschen Ministeriums des Innern bearbeitet vom Vorstande des Architekten- und Ingenieur-Vereins für das Königreich Hannover. Hannover, 1860." 5½ Bogen.

sammenhang Statt finde; ferner die strenge Festhaltung des Dezimalsystems; endlich die möglichste Uebereinstimmung und leichte Vergleichbarkeit mit dem metrischen System. Derselbe setzte sodann die Vorzüge des französischen Längenmaßes auseinander und suchte zu beweisen, daß der Meter die zweckmäßigste Einheit für ein neu zu begründendes Maßsystem sey. Dieser Vortrag fand in der Versammlung nur einen geringen Widerspruch, was, bei dem Mangel einer gründlichen Prüfung von ihrer Seite in so kurzer Zeit, wohl nicht auffallen konnte.

Was nun den „hannoverschen Entwurf" selbst betrifft, so schlägt solcher als Grundeinheit eines einheitlichen Maßsystems für Deutschland den gesetzlich zu 443,296 Pariser Linien bestimmten französischen Meter unter dem Namen „Stab" vor. Derselbe wird in 100 „Cent" (Centimeter), der Cent in 10 „Strich" (Millimeter) getheilt, so daß 1 Stab = 100 Cent = 1000 Strich ist. Eine besondere Elle findet nicht Statt; an die Stelle derselben tritt auch der Stab, der für diesen Zweck in Halbe, Viertel, Achtel und Sechzehntel getheilt wird. Das Maßsystem dieses Entwurfs hat viel Ähnlichkeit mit dem von dem Ober-Ingenieur Nördlinger vorgeschlagenen Maßsystem (§ 30, erste Note).

§ 78. Da ich mit dem hannoverschen Entwurfe darin vollkommen einverstanden bin, daß unserm künftigen gemeinsamen deutschen Maßsystem kein anderes als das französische metrische System zu Grunde gelegt werden könne (vergl. die §§ 26, 31 und 57); so handelt es sich zunächst nur um die Frage, ob der in jenem Entwurfe als Grundmaß für das neue System empfohlene und darin auch angenommene französische Meter eine brauchbare, dem deutschen Bedürfnisse entsprechende Größe habe. Und diese Frage ist, nach meiner früheren wie nach meiner jetzigen Meinung, mit Nein zu beantworten. Weder die in dem hannoverschen Entwurfe enthaltenen, noch die in dem Vortrage des Direktors Karmarsch entwickelten Gründe haben mich zu überzeugen vermocht, daß der Meter selbst die zweckmäßigste Einheit für das neue deutsche Maßsystem sey, vielmehr finde ich solche in dem von mir schon früher vorgeschlagenen

Fuße von 300 Millimeter Länge (vergl. die §§ 28 und 76).*) Dieser Fuß steht in einem einfachen Verhältnisse zum Meter und gewährt uns einen hinreichend genauen Anschluß an das metrische System. Mit einem solchen Grundmaße, in Verbindung mit andern dem deutschen Bedürfnisse entsprechenden **Maßgrößen** tragen wir den **praktischen** Anforderungen, die besonders von der großen Klasse des Gewerbstandes an das neue System mit Recht gemacht werden können, gewiß völlig Rechnung. Den an mehreren Stellen dieser Schrift schon dargelegten, für meinen Vorschlag sprechenden Gründen erlaube ich mir nun zur Rechtfertigung desselben hier noch Folgendes hinzu zu fügen.

§ 79. Wie die große Verbreitung der **Gewichtseinheit**, die ungefähr einem Pfunde entspricht, zeigt, daß solche aus den Bedürfnissen des täglichen Lebens, aus den Verkehrsverhältnissen selbst hervorgegangen ist, so findet derselbe Fall bei dem **Fuße** als Maßeinheit Statt, was sich aber weder von dem Kilogramme noch von dem Meter sagen läßt. Wie wir nun für die zum wirklichen Abwägen bestimmte Größe, für unser allgemeines deutsches Pfund, nicht das französische Kilogramm, sondern nur einen passenden Theil desselben, nämlich die Hälfte, angenommen haben, so wollen wir für unsern allgemeinen deutschen Fuß nicht das zum unmittelbaren Gebrauche ganz unbequeme Metermaß selbst, sondern nur einen zum wirklichen Messen passenden Theil desselben wählen. Auch haben mehrere deutsche Staaten, welche ihr Maßwesen in neuerer Zeit ordneten, nicht den Meter selbst, sondern einen Theil desselben zur Grundlage ihres neuen Maßsystems gemacht: **Baden, Großherzogthum Hessen und Nassau (auch die Schweiz).** Und alle **früheren** Versuche, das **unveränderte metrische System** Frankreichs auch auf deutschen Boden zu verpflanzen (1808—1811), sind fehlgeschlagen. (Vergl. § 31.) In Bezug auf die im Jahre 1811 gesetzlich verordnete Einführung des französischen metrischen Systems in dem ganzen Großherzogthum

---

*) Der „hannoversche Entwurf" sagt von diesem Fuße (= 300 Millimeter): „Von allen sogenannten metrischen Fußen würde übrigens dieser, sofern es überhaupt um Annahme eines solchen sich handelte, der zweckmäßigste seyn."

Hessen heißt es in der auf Seite 44, erste Note unter a, angeführten Schrift: „Es wurden bedeutende Vorarbeiten hierzu gemacht; allein je näher man der Ausführung rückte, desto mehr mußte man sich überzeugen, daß es diesen Maßen und Gewichten durchaus an der nöthigen Bequemlichkeit für den Gebrauch im gemeinen Leben fehlte." So äußerte sich über das metrische Maßsystem ein Sachverständiger, der geheime Rath Eckhardt in Darmstadt, dem darüber gewiß ein vollgültiges Urtheil zusteht. In Frankreich selbst ist ein halbes Jahrhundert daran gearbeitet worden, das neue System einheimisch zu machen und den Widerstand zu beseitigen, welchen es in seiner Anwendung auf den bürgerlichen Verkehr daselbst gefunden hat (vergl. S. 69, 77, 89 u. 90); auch in einigen andern Ländern ist in neuerer Zeit die Einführung des metrischen Systems auf Schwierigkeiten gestoßen oder ganz erfolglos geblieben. Und angesichts solcher sprechenden Thatsachen, bietet man uns statt eines einheitlichen, die Bedürfnisse des praktischen Lebens und die Volksgewohnheiten berücksichtigenden Maßsystems für das ganze deutsche Vaterland, ein System, dessen Grundeinheit, wie die meisten der daraus gebildeten Maße, nur unbequeme, selbst unbrauchbare Größen sind, muthet man uns zu, die schon früher gemachten und selbst damals mißlungenen Versuche jetzt von neuem zu wagen, um statt der nothwendigen Maßeinigung in Deutschland höchst wahrscheinlich — nur eine vermehrte Verschiedenheit in den Maßen der verschiedenen deutschen Länder, also eine größere Verwirrung, hervor zu rufen!

Wenn es in dem hannoverschen Entwurfe als ein wichtiger Vortheil angesehen wird, daß der Meter zugleich als Elle anwendbar ist, folglich die letztere ganz entbehrt werden kann, so bin ich entschieden anderer Meinung. Die Ueberzeugung, daß der Meter viel zu groß ist, um zum bequemen Ausmessen von Ellenwaren zu dienen, kann man sich leicht in jedem sogenannten Schnittwaren-Geschäft verschaffen. Dagegen hat die von mir vorgeschlagene Elle (= 600 Millimeter) eine praktisch sehr brauchbare Länge, welche nicht viel von dem Mittel aus den in Deutschland üblichen Ellenmaßen abweicht. Auch besteht diese Elle geseßlich in Baden, im Großherzogthum Hessen, im landgräfl. hessischen Oberamte Meisenheim, in Nassau und in der Schweiz. Bei der im Entwurfe angestrebten Vereinfachung des Systems wäre das darin wegen „der anerkannten Schwerfälligkeit der Bergleute" beibehaltene besondere Bergwerksmaß Lachter wohl eher entbehrlich gewesen, als eine aus den Bedürfnissen der Praxis natürlich hervorgehende Elle, das heißt eine solche Größe, mit welcher ein Mann geraume Zeit ohne zu große Anstrengung wirklich messen kann. Diese Bedingung erfüllt die oben erwähnte Elle von 600 Millimeter Länge vollkommen, und die Beibehaltung eines solchen besonderen Einheitsmaßes ist gewiß nothwendig.

Daß das Metermaß unter den deutschen Schneidern und Schuhmachern bereits viele Anhänger zählen soll, kann wohl weiter nichts beweisen, als daß es zeigt, wie mit den Pariser Modezeitungen auch die französischen Centimeter (deren sich jene bei ihren Längenangaben bedienen) den genannten Handwerkern zugekommen und bekannt geworden sind. Und wenn englische Fabriken für Länder, in welchen das metrische System besteht, nach Metermaß arbeiten, so folgt daraus weiter nichts, als daß sich noch jetzt wie früher im Handel der Verkäufer nach den Wünschen des Käufers, der Fabrikant nach denen des Bestellers richtet, aber es ist nicht daraus zu schließen, „daß der Meter auch in England bereits Fuß gefaßt hat". So verkaufen z. B. französische Fabrikanten im Elsasse ihre Druckwaaren den Deutschen nach Berliner Ellen und berechnen solche in deutschem Gelde, woraus aber gewiß niemand schließen wird, daß die preußische Elle auch in Frankreich bereits Fuß gefaßt habe. Wegen der Getreidemaße s. S. 91.

§ 80. Es ließe sich noch gegen einzelne Vorschläge in dem hannoverschen Entwurfe Manches aufführen; indessen will ich hier nur noch zwei mir wichtig scheinende Punkte wiederholt erwähnen: den verlangten einfachen Zusammenhang zwischen Maß und Gewicht und die Unsicherheit der Pariser Original-Etalons*),

---

*) Man sehe hierzu die §§ 29, 32, 38, 41 und 58.

weil sehr viele Lobredner des französischen metrischen Systems den Werth jenes (die erforderliche Genauigkeit nicht gewährenden) Zusammenhanges zu hoch anschlagen, während sie diese Unsicherheit meist mit Stillschweigen übergehen. Ich führe zu diesem Zwecke Einiges aus den Schriften von zwei Sachverständigen, Bessel und Steinheil — anerkannte Autoritäten — an. Bessel sagt in der oben (S. 29, erste Note) erwähnten Abhandlung: „Wenn ich keinen Vortheil der Einführung eines Längenmaßes, welches zu einer von der Natur dargebotenen Länge ein bestimmtes Verhältniß haben soll, habe finden können, so muß ich nicht minder gestehen, daß ich auch keinen Vortheil der Einführung von Maßen der flüssigen Körper und der Gewichte, welche zu dem Würfel der Einheit des Längenmaßes und der denselben füllenden Masse Wassers ein einfaches Verhältniß haben, finden kann." Bessel sagt ferner, daß zur Erklärung der für jedes Maßsystem nothwendigen drei Grundmaße (Längenmaß, Maß für Flüssigkeiten und Getreide und Maß der Gewichte) die materiellen Darstellungen derselben erforderlich sind, und daß diese letzteren die Grundlage jeder Festsetzung eines Maßsystems ausmachen. Derselbe stellt für jedes der festzusetzenden Maße drei Forderungen, die erfüllt werden müssen, wenn ein Maßwesen in Ordnung gebracht und erhalten werden soll: Bestimmtheit, Unveränderlichkeit und Zweckmäßigkeit. Ein Maßsystem erlangt völlige Bestimmtheit, wenn die materiellen Darstellungen seiner Einheiten so beschaffen sind, daß sie jede Zweideutigkeit ausschließen; es erlangt Unveränderlichkeit, wenn sie allen Einflüssen der Zeit widerstehen; es erfüllt seinen Zweck desto vollständiger, je allgemeiner zugänglich seine ursprünglichen Einheiten gemacht, je leichter möglichst vollkommene Kopieen von den Urmaßen erlangt werden können.

Dr. Steinheil sagt, daß die bestehenden Maß- und Gewichtseinheiten dadurch noch nicht bestimmt gegeben werden, daß man solche durch Theile der französischen metrischen Einheiten ausdrückt und diesen Definitionen gesetzliche Gültigkeit verschafft; er zeigt die Nothwendigkeit, daß ein nach der Definition ausgeführter Etalon als die allein gesetzlich gültige Einheit erklärt

„werden muß.*) Die gesetzlichen Urmuster des Meters und des Kilogrammes, welche im Jahre 1799 in den Reichsarchiven zu Paris niedergelegt wurden, gewähren aber nicht die gehörige Genauigkeit und Sicherheit, und entsprechen nicht mehr den wissenschaftlichen und künstlerischen Anforderungen, die gegenwärtig an solche Maße und Gewichte gemacht werden. Wenn nun, wie wohl sicher anzunehmen ist, unserm neuen Maßsysteme das französische metrische Maß und Gewicht zu Grunde gelegt wird, so entsteht die Frage, wie wir uns alsdann hinsichtlich der nöthigen materiellen Darstellungen der künftigen deutschen Urmuster, gegen über den unsicheren Pariser Original-Etalons, verhalten sollen. Glücklicherweise sind wir in der Lage, uns jene verschaffen zu können, ohne zu diesen unsere Zuflucht nehmen zu müssen, nämlich durch das Urmaß des preußischen Fußes von Bessel (§ 29, 41 u. 77, erste Note) und das Urgewicht des Bergkrystall-Kilogrammes von Steinheil (§ 29, 38 u. 58). Aus diesen beiden Urmustern, welche allen wissenschaftlichen Anforderungen vollständig entsprechen, kann unsere künftige metrische Längeneinheit, so wie unsere schon bestehende Gewichtseinheit (das Zollpfund) sicher und leicht abgeleitet und hergestellt werden. Wir müssen für die möglichste Vollkommenheit und für die Selbstständigkeit unserer deutschen Urmuster Sorge tragen, und solche nicht von den unsicheren französischen Originalen abhängig machen. Vergl. § 29.

§ 81. Die zweite oben (§ 77) erwähnte Schrift ist von dem Ober-Ingenieur Nördlinger in Paris.**) Derselbe

---

*) Man sehe dessen höchst schätzbare Abhandlungen über die beiden französischen Originale der Archive in Paris, das Platin-Kilogramm und den Platin-Meter, und die davon durch ihn hergestellten Kopieen, in den Abhandlungen der mathematisch-physikalischen Klasse der Akademie der Wissenschaften. Band IV, Abtheil. I. München, 1844. S. 163—280. — Hinsichtlich der Pariser Urgewichte verdient auch ein Aufsatz von Schumacher hier eine Erwähnung, der sich in dessen „Jahrbuch für 1836. Stuttgart, 1836." S. 237—250 befindet.

**) Sie hat den Titel: „Die Zukunft des metrischen Systems und die deutsche Münz-, Maß- und Gewichte-Einigung. Von Wilhelm Nördlinger, Oberingenieur der Orleans-Centralbahnen, ehemaligem Zögling der Gewerbschule in Stuttgart und der polytechnischen Schule in Paris, corresp on-

rühmt darin die großen Vorzüge des französischen metrischen Systems, dessen Bedeutung in allen Welttheilen zu so steigender Anerkennung gelange, daß es sich früher oder später gewiß zum Weltmaße erheben werde, und empfiehlt, wie in seiner früheren Schrift (§ 30), als das beste Mittel für Deutschlands innere Maßeinigung, die Einführung des Metermaßes. Da ich glaube, diesen Gegenstand bereits genügend besprochen zu haben, so beschränke ich mich darauf, aus der genannten Schrift in Bezug auf das Maßwesen hier nur Folgendes anzuführen. Der Verfasser derselben hat die Entdeckung gemacht, daß alle in Deutschland seit Jahren wider das metrische System laut gewordenen Einwürfe im Grunde nur aus einem erregten Nationalgefühl entspringen, daß nur der französische Ursprung dieses System dem auf seine Selbstständigkeit eifersüchtig werdenden deutschen Volkssinn anstößig macht. Ueber das, was in Deutschland in Bezug auf die Maßeinheit ferner zu thun seyn dürfte, sagt die genannte Schrift:

„Auf eine umfassende und durchgreifende Reform des deutschen Maßwesens ist keinerlei Aussicht vorhanden und glauben wir als einzig möglichen Weg den der Detailreformen, sey es durch ganz einseitiges Vorgehen einzelner Regierungen auf Grundlage des metrischen Systems oder mittelst Separatverträge, bezeichnen zu müssen. Diese Aufgabe der Regierungen könnte durch thätiges Mitwirken von Vereinen vorbereitet und vielfach erleichtert werden."

„Als nächstes Ziel beim Längenmaße empfehlen wir die Einführung des Meters als Ellenmaß, zunächst in Baiern

---

direndem Mitgliede des Architekten- und Ingenieur-Vereins für das Königreich Hannover. Stuttgart. Druck von Blum und Vogel. 1860." gr. 8. Die Schrift selbst ist datirt: Paris, im November 1859, das Vorwort aber: Stuttgart, den 22. Dezember 1859. Nach dem letzteren widmet der Verfasser seine Arbeit, welche ursprünglich für eine Zeitschrift bestimmt war, im besonderen Drucke als Neujahrsgeschenk den deutschen Vaterlandsfreunden. Eine angehängte Nachricht sagt: „Die Expedition des Schwäbischen Merkurs in Stuttgart hat die unentgeltliche Versendung unter Kreuzband im ganzen Bereiche des deutsch-österreichischen Postvereins gefälligst übernommen. Auf portofreies Verlangen werden einzelne Exemplare immer, und mehrere nach Thunlichkeit verabfolgt werden."

und Würtemberg. Wäre so der Meter als Elle allmälig in die Volksgewohnheit übergegangen, so würde sich seine Einführung als Werkmaß fast von selbst geben."

„Eben so beim Gewichte: die Einführung des Grammgewichts als Medizinalgewicht, zunächst in Würtemberg."

Wenn der Verfasser den langen beharrlichen Widerstand, welcher selbst in Frankreich der Einführung des Meters entgegengesetzt worden ist, eingesteht und selbstverständlich eingestehen muß, so ist ja damit auch unsere Abneigung gegen die unpraktische Länge dieses Maßes, so wie überhaupt gegen die unbrauchbaren Größen der aus dem Meter abgeleiteten Maße hinlänglich erklärt. (Vergl. § 31.) Wer die Geschichte des metrischen Maßes kennt, weiß, daß der eigentliche Zweck desselben gänzlich verfehlt worden ist, weiß, daß der unpraktische Meter erst nach vielen vergeblichen Versuchen in Frankreich an die Stelle des bequemen Pariser Fußes gesetzt werden konnte. Wir wollen daher die Erfahrungen, die in Frankreich gemacht worden sind, benutzen, und nicht das unveränderte metrische System selbst annehmen, sondern dasselbe nur unsern deutschen Maßen zu Grunde legen; wir wollen ein praktisch brauchbares Maßsystem für das ganze deutsche Vaterland, nicht bloß für die Klasse der Gelehrten und Techniker. (Vergl. § 30.) Was die erwähnten Vorschläge dieser Schrift betrifft, so würden wir durch ihre Ausführung statt der angestrebten Einheit der Maße in Deutschland nur eine größere Verschiedenheit derselben, neue Störungen und Hemmungen des Verkehrs herbeiführen und die Aussicht auf eine deutsche Maßeinigung wohl gänzlich zerstören. Auffallend ist es, daß der Verfasser das französische Grammgewicht als Medizinalgewicht, und zwar zunächst in einem einzelnen deutschen Staate, einzuführen vorschlägt, da ihm doch nicht unbekannt seyn kann, wie außerordentlich schwer es selbst in Frankreich gehalten hat, dem metrischen Gewichte Eingang in der Medizin zu verschaffen. (Vergl. die Note Seite 77.) Die Ärzte, die Apotheker und — die Kranken in Würtemberg werden sehr erfreut seyn über das unerwartete ihnen aus Paris zugedachte

Geschenk. Zum Behufe einer richtigen Beurtheilung dieses Vorschlags sehe man die §§ 69 bis 75.

§ 82. Größere Schwierigkeiten als Gewicht und Längenmaß dürften für eine allgemeine Einigung die Hohlmaße darbieten, für deren Vereinfachung aber seither dadurch viel geschehen ist, daß die meisten deutschen Regierungen in ihren Ländern das Maßwesen geordnet haben, und so durch Einführung gleichförmiger Maße wenigstens innerhalb eines Staatsgebiets die früher in demselben bestandenen großen Verschiedenheiten aufgehoben worden sind. Und da mehrere unter diesen neueren deutschen Maßsystemen sich auf das metrische Maß Frankreichs stützen, so ist durch diese gemeinschaftliche Grundlage für die künftigen allgemeinen deutschen Hohlmaße (die ohne Zweifel dieselbe Grundlage haben werden) eine einheitliche Herstellung sehr erleichtert.

§ 83. Bei den Hohlmaßen für trockene Sachen ist es besonders wichtig, zum Hauptmaße für das wirkliche Messen eine passende Größe zu wählen, das heißt eine solche, mit welcher ein Mann ohne zu große Anstrengung längere Zeit Früchte messen kann (Meßgefäß); das aufwärts von diesem folgende Maß darf aber, als Sack- und Traglast, die gewöhnliche Tragkraft eines Mannes nicht überschreiten (Sackmaß). Die französischen metrischen Hohlmaße für trockene Körper enthalten in dieser Hinsicht keine dem praktischen Bedürfniß entsprechenden Größen: der Hektoliter (100 Liter) und selbst der doppelte Dekaliter (20 Liter) sind für die eben genannten beiden Zwecke zu klein. Auch bei einigen neueren deutschen Maßsystemen ist hierauf nicht die gehörige Rücksicht genommen worden. So ist der badische Sester (15 Liter) als wirkliches Meßgefäß der Früchte zu klein, weshalb der Doppelsester dazu genommen werden muß. Das badische Malter (150 Liter) aber ist für die Tragkraft eines Mannes zu schwer und unbequem. Das nassauische Malter (100 Liter) und das nassauische Viertel-Malter (25 Liter) sind ebenfalls hier anzuführen. In dem vom Ober-Ingenieur Nördlinger vorgeschlagenen Maßsystem (§ 30) kommen dieselben Größen vor: der Scheffel (100 Liter) und der Himten (25 Liter), welche beide für die oben angegebenen Zwecke zu klein sind. Auch der hannoversche Entwurf eines einheitlichen Maßsystems für Deutschland (§ 77) trägt den oben gestellten beiden Forderungen für die festzusetzenden Getreidemaße keine Rechnung, indem er folgende unpraktische Maßgrößen enthält: den Scheffel (100 Liter) und den Metzen (10 Liter), welchem Übelstande das zwischen diesen beiden Maßen als Gemäß eingeschobene „Faß" = ½ Scheffel (50 Liter) keineswegs abhilft.

§ 84. Die von mir vorgeschlagenen Fruchtmaße (§ 28) entsprechen den Bedürfnissen und Kräften des Menschen, und haben sich in dieser Hinsicht in dem Großherzogthum Hessen seit ihrer Einführung vor vierzig Jahren praktisch bewährt; sie sind vor kurzem auch in dem Amte Homburg eingeführt worden (s. S. 70). Das Simmer von 32 Litern eignet sich zum wirklichen Messen und Einsacken des Getreides, und ist daher als eine natürliche Einheit anzusehen, deren Eintheilung nach dem Halbirungssystem für den praktischen Gebrauch sehr bequem ist. Das Malter aber von 4 Simmern (128 Liter) hat als gewöhnliche Sack- und Traglast für einen Mann eine passende Größe.

§ 85. Bei den Hohlmaßen ist in Bezug auf den Großhandel hier noch Folgendes zu erwähnen. Da die Messungsart beim Getreide sehr verschieden ist, und dadurch häufig unsichere von einander abweichende Resultate geliefert werden, so verdient das Wägen derselben den Vorzug vor dem Messen; auch gestattet jenes der Uebervortheilung weniger Spielraum als dieses. Daher wird jetzt im Großhandel das Getreide, so wie auch Mehl, Salz und andere trockene schüttbare Waren, mehrentheils gewogen; aber auch die fetten Flüssigkeiten werden im großen Verkehr schon seit längerer Zeit ebenfalls nach dem Gewichte verkauft. Bei den genannten Gegenständen ersetzen daher gegenwärtig die Gewichte größtentheils die Maße, und die seither erfolgte Einführung eines gleichen Handelsgewichts in Deutschland wird bei dem gesteigerten Verkehre zur Erleichterung dieser Verkaufsart wesentlich beitragen und solche befördern.

III. Münzwesen.

§ 86. Wie bei den Maßen und Gewichten, so herrschte auch in dem Münzwesen Deutschlands am Anfange dieses Jahrhunderts eine große Verschiedenheit. Es bestanden daselbst viele Münzfüße, theils solche, nach welchen Münzen wirklich ausgeprägt wurden, theils andere, bei denen man die verschiedenen umlaufenden Münzen nur in abweichenden Zahlwerthen rechnete. Höchst verschieden waren besonders die Eintheilungsarten der größeren Münzeinheiten, wie in 72, 60, 54, 48, 36, 32, 24, 20, 16 Theile.

§ 87. Es sind hier zunächst die folgenden damaligen Münzfüße zu erwähnen:

1) Der 14=Thalerfuß oder 21=Guldenfuß, auch der preußische Kurantfuß oder der Graumann'sche Münzfuß genannt. Derselbe wurde noch vor der Münz=Konvention vom 30. Juli 1838 angenommen: 1834 von Hannover und Kurhessen, 1835 von Braunschweig, 1837 von Waldeck.

2) Der 20=Guldenfuß, auch Konventionsfuß genannt, ein in Deutschland sehr verbreiteter Münzfuß.

3) Der 24=Guldenfuß. Anfangs ein bloßer Rechnungsmünzfuß, indem man die nach dem 20=Guldenfuße geprägten Münzsorten um ein Fünftel des Nennwerthes höher rechnete. In neuerer Zeit, etwa seit 1824, wurden auch nach diesem Fuße 1= und 2=Guldenstücke, so wie 12= und 24=Kreuzerstücke gemünzt.

4) Der 18=Guldenfuß oder 12=Thalerfuß, auch der Leipziger Fuß genannt. Derselbe hat in Hannover bis in das Jahr 1817 bestanden und wurde in Mecklenburg=Schwerin im Jahre 1829 eingeführt.

5) Der lübische Kurantfuß, eine Währung in Lübeck und Hamburg, worin 11⅓ Thaler oder 34 Mark, lübisch Kurant genannt, eine Kölnische Mark feinen Silbers ausmachen. Derselbe bestand bis ins Jahr 1829 auch in Mecklenburg-Schwerin. Die Einheit ist die Mark (Kurant-Mark).

6) Der Hamburger Bankfuß. Das Hamburger Bankgeld ist nicht geprägt, sondern nur in Silberbarren in der Bank vorhanden. Die Einheit ist die Mark (Bank-Mark, Mark Banco).

7) Der schleswig-holsteinische Kurantfuß Ein etwas geringerer Münzfuß als der lübische. Die Einheit ist die Mark.

8) Der Pistolenfuß in Bremen, welches in Deutschland allein eine Goldwährung hat. Die (Rechnungs-)Einheit ist der ideale Thaler „in Louisd'or"; die wahre Münzeinheit aber ist der Louisd'or, d. h. die deutsche Pistole, welche 5 Thaler Gold (oder „in Louisd'or") ausmacht.

§ 88. Von diesen Münzfüßen bestanden oft nicht nur in demselben Lande mehrere zugleich neben einander, sondern es bildeten sich dadurch wieder besondere Währungen, daß man, wie oben schon bemerkt wurde, die umlaufenden Münzen zu verschiedenen Zahlwerthen rechnete. Beides war z. B. der Fall in den sächsischen Herzogthümern und in den reußischen Fürstenthümern. Da war gewöhnlich bei den öffentlichen Kassen und für die Landesabgaben der 20-Guldenfuß eingeführt, dessen Münzeinheit, der (Konventions-)Speziesthaler, 1⅓ Thaler oder 32 (gute) Groschen galt. Dann hatte man, entweder verordnungsmäßig oder herkömmlich, eine andere Währung für den Großhandel oder für den Warenhandel überhaupt, und oft wieder eine andere für den gemeinen Verkehr, indem dieser Speziesthaler zu 33, 34, 35 und zu 36 Groschen (die Theilstufen desselben verhältnißmäßig) gerechnet wurde. In dem letzteren Falle wurde also der Zahlungsfuß auf einen 22½-Guldenfuß erhöht. Von diesen fünf verschiedenen Währungen waren in einem Lande wenigstens zwei, oft aber auch mehr gebräuchlich, und in den Nachbarländern hatte man zum Theil wieder andere, so daß der Reisende, der sich in diesem Wirrwarr natürlich nicht zurecht finden konnte, außer einer solchen Unbequemlichkeit, dadurch auch noch in Geldverlust gerieth.

Da man in diesen Ländern aus Mangel an eigenen größeren Münzsorten sich der Münzen der benachbarten Staaten, nämlich des Konventionsgeldes und in neuerer Zeit des preußischen Kurants, bediente; so entstand hierdurch später ein höchst unsicherer Zustand, indem der preußische Thaler, als die Hauptmünze des umlaufenden Geldes, in demselben Lande häufig zu verschiedenen Preisen angenommen wurde, und man denselben sogar bis zu 27 Groschen oder $1^{1}/_{8}$ Thaler auszugeben suchte.

§ 89. Dieselbe vorwiegende Neigung einer früheren Zeit, für besondere Gegenstände eigene Maße und Gewichte einzuführen (§ 36), zeigte sich auch bei den Münzen, indem man häufig in demselben Lande für besondere Geschäfte, Verhältnisse ꝛc. auch eine besondere Währung oder Rechnungsmünze gebrauchte. So hatte man in Sachsen und den benachbarten Ländern bei Steuern und Strafbestimmungen das **alte Schock** (Altschock) zu 20 und das **neue Schock** (Neuschock) zu 60 (guten) Groschen, so wie bei Häuser- und Güterkäufen den **Meißnischen** (Meißner) **Gülden** zu 21 Groschen. In **Frankfurt am Main** bestand seit dem Jahre 1766 neben dem 24-Guldenfuße noch eine besondere **Wechselzahlung**. Diese letztere war eine fingirte Währung und wurde erst am Ende des Jahres 1842 abgeschafft.*) In **Augsburg** hatte man neben dem 24-Guldenfuße noch den 20-Guldenfuß oder das **Augsburger Kurant**, als Wechselzahlung (letzteres noch bis Ende d. J. 1858), und früher überdies noch eine dritte bessere (bloß fingirte) Währung, das **Girogeld**.

§ 90. Gegen das Ende des vorigen und am Anfange dieses Jahrhunderts war in einem großen Theile Deutschlands die Stelle des Konventionsgeldes vorzüglich von den französischen **Laubthalern** (Sechslivres-Thalern) eingenommen, welche wegen ihrer Tarifirung zu 2 fl. 45 kr. im 24-Guldenfuße die einheimische Münze immer mehr verdrängten. Durch diesen den Laubthalern beigelegten zu hohen äußeren Werth bestand in der Ausübung ein 24,55-Guldenfuß. Die zu hohe Annahme dieser Münzsorte veranlaßte nun wieder eine gleichmäßig abweichende Schätzung

---

*) S. mein Frankfurter Geschäfts-Handbuch. S. 82 u. flg.

der brabanter Kronenthaler, welche in Deutschland ebenfalls in regem Umlaufe waren. In den österreichischen Staaten war diese Münze zu 2 fl. 12 kr. des 20-Guldenfußes tarifirt worden; diese betragen nur 2 fl. 38²/₅ kr. im 24-Guldenfuße. Den brabanter Kronenthalern wurde aber der Umlauf zu 2 fl. 42 kr. überall in den Ländern des 24-Guldenfußes gestattet, und eben so hoch im Königreiche Sachsen, nämlich zu 1 Thlr. 12 gGr. (in dem letzteren Staate zu diesem hohen Werthe nur bis in das Jahr 1816). Diese Werthbestimmung der brabanter Kronenthaler war mithin um 2⁸/₁₁ Prozent höher als in Oesterreich und verursachte eine große Anhäufung derselben in den Gegenden, wo sie so hoch angebracht werden konnten. Dazu kamen noch diejenigen verschiedenen (aber nicht gleichmäßig ausgemünzten) Kronenthaler, welche mehrere deutsche Regierungen (Baiern, Würtemberg, Baden, Großherzogthum Hessen, Nassau, Koburg und Walbeck) seit dem Jahre 1809 zu 2 fl. 42 kr. in diesem leichteren Münzfuße (ungefähr 24½-Guldenfuße) prägen ließen.*) Im Jahre 1810 wurden die ganzen Laubthaler in Frankreich auf 5 Franken 80 Centimen herabgesetzt und dabei verordnet, daß solche auch nach dem Gewichte von den Münzstätten zum Einschmelzen angenommen werden sollten. Diese Verordnung hatte, besonders bei den damaligen und nachherigen Verhältnissen des Wechselkurses, die Folge, daß die wichtigen Laubthaler nach Frankreich zurückwanderten, und nur die am meisten abgeschliffenen, vornämlich aber die beschnittenen Laubthaler in Deutschland im Umlaufe blieben. Es wurde daher nöthig, diese Münzsorte außer Kurs zu setzen, was im Jahre 1812 und später (in Frankfurt am Main am 21. Februar 1815) geschah.**) Daß in dem Münzwesen ein Fehler selten ohne schlimme Folgen bleibt, zeigte sich auch bei den erwähnten zu hohen Tarifirungen der Laubthaler und brabanter

---

*) In Würtemberg und Baden wurden in diesem leichteren sogenannten Kronenthalerfuße sogar Zwei- und Ein-Guldenstücke geprägt.

**) S. (Cleynmann,) Aphorismen aus dem Fache der Münzgesetzgebung und des Münzwesens der vergangenen und gegenwärtigen Zeit. Frankfurt am Main, 1817. gr. 8. S. 141 u. flg. und S. 176 u. flg.

Kronenthaler noch in Folgendem. Der preußische Thaler, der nach dem wirklichen 24-Guldenfuße nur $102^{6}/_{7}$ Kreuzer werth ist, kursirte nämlich in den Gegenden, in welchen der Kronenthaler zu hoch (2 fl. 42 kr.) tarifirt war, zu 105 Kr. im 24-Guldenfuße, und zwar schon lange vor dem Jahre 1837, in welchem dieses Verhältniß durch die Münchener Münz-Konvention ein gesetzliches wurde.

§ 91. Zu diesen Übelständen im Münzwesen kam noch ein anderer hinsichtlich der Scheidemünzen, welche in manchen deutschen Staaten nicht nur in zu großer, den Bedarf weit übersteigender Menge, sondern auch zu geringhaltig ausgeprägt wurden, so daß in einigen kleineren deutschen Ländern eine Ausbringung der Silberscheidemünze (3- und 6-Kreuzerstücke) zu 36 bis 40 Gulden des 24-Guldenfußes auf die Kölnische Mark fein Silber Statt fand. Diesem großen Mißbrauche sind indessen in neuerer Zeit Grenzen gesetzt worden. So wurde in Preußen schon seit dem Münzgesetze vom 30. September 1821 in den halben und ganzen Silbergroschen die Kölnische Mark fein Silber nur zu 16 Thaler (anstatt 14 Thaler in den gröberen Sorten) ausgebracht, und niemand war seitdem gehalten eine Zahlung, welche den Werth der kleinsten groben Silbermünze erreicht, in Scheidemünze anzunehmen. (Vergl. § 95.)

§ 92. Seit den in vielen deutschen Staaten hinsichtlich der Laubthaler ergriffenen Maßregeln (§ 90), bildeten nun in Süddeutschland, neben den vorhandenen 20- und 10-Kreuzerstücken des Konventionsfußes, die Kronenthaler die Hauptmasse des umlaufenden Geldes. Die groben Konventionsmünzen verschwanden daselbst nach und nach fast ganz und das Konventions-Münzsystem kam immer mehr in Verfall. Aber auch das Kronenthalergeld erlitt dadurch eine Störung, daß die halben und Viertel-Kronenthaler, weil sie häufig sehr abgenutzt, beschnitten und durchlöchert waren, theils im Werthe herabgesetzt, theils ganz verrufen wurden; jenes zuerst in Baden bei den Viertelstücken unterm 12. April 1837, worauf dann die andern süddeutschen Staaten, selbst einige norddeutsche, schnell folgten. In Frankfurt am Main wurden die Viertel- und halben Kronenthaler unterm 18. April 1837 gänzlich verrufen.

§ 93. Dieser Münzverwirrung und Münznoth in Süddeutschland wurde durch die zwischen sechs süddeutschen Staaten am 25. August 1837 in München abgeschlossene Münz-Konvention (welcher später noch mehrere Staaten beigetreten sind)*) ein Ende gemacht. Das Münzwesen der süddeutschen Zollvereinsstaaten erhielt dadurch eine gleiche und gesetzliche Grundlage, und die der umlaufenden Geldmasse durch die Verrufung der halben und Viertel-Kronenthaler entzogene Summe wurde durch die Ausprägungen von ganzen und halben Guldenstücken nach und nach wieder ersetzt. In dieser süddeutschen oder Münchener Münz-Konvention wurde die Größe der Münzmark, übereinstimmend mit dem Gewichte der im Königreiche Preußen bestehenden (Kölnischen) Mark, auf 233,855... Gramm festgesetzt (§§ 53 und 56), und verordnet, daß der im Süden des Zollvereins bereits bestehende Kronenthalerfuß, jedoch unter genauer Einhaltung des $24\frac{1}{2}$-Guldenfußes, von allen kontrahirenden Staaten als Münzfuß angenommen werden soll. Der Silbergehalt der Hauptmünzen ist darin auf neun Zehntel und der Kupferzusatz auf ein Zehntel des Gewichts bestimmt worden. Die nach dem bisherigen System ausgeprägten ganzen Kronenthaler wurden in ihrem bisherigen Kurse von 2 Gulden 42 Kreuzer aufrecht erhalten. In der besonderen die Scheidemünze betreffenden Übereinkunft ist für die Ausprägung der 6- und 3-Kreuzerstücke (von Silber) der 27-Guldenfuß angenommen worden. Die Prägung kleinerer Silber-Scheidemünzen, so wie die der Kupfermünzen, wurde dem Ermessen der einzelnen Staaten überlassen.

§ 94. Für Frankfurt am Main wurde durch die Münchener Münz-Konvention eine sehr zweckmäßige Maßregel in Bezug auf seine (seit dem Jahre 1766 bestehende) fingirte Wechselgeldwährung und Reduktionsweise ($9\frac{1}{5}$ Fl. Frankfurter Wechselgeld = 11 Fl. im 24-Guldenfuße) herbeigeführt. Obgleich nämlich das Wechselgeld durch die später sowohl in den Geldsorten als auch in dem Münzfuße erfolgten Veränderungen seine

---

*) Diese Münz-Konvention, so wie die besondere Uebereinkunft wegen der Scheidemünze, findet man in meinem Frankfurter Geschäfts-Handbuche, S. 92 bis 97.

Bestimmtheit und seinen Zweck durchaus verloren hatte, ist dasselbe doch fortwährend bis zu Ende des Jahres 1842 beibehalten worden. Mit dem 1. Januar 1843 wurde die Währung des Wechselgeldes endlich ganz abgeschafft, und ein neues, einfaches, auf den 24½-Guldenfuß (als der nun einzigen gesetzmäßigen Währung) gegründetes Wechselkurs-System eingeführt.*) Als ein Ueberbleibsel dieses abgeschafften Wechselgeldes hatte sich indessen noch einige Jahre länger als dieses, für die Berechnung der aus Frankreich 2c. in französischen Franken ohne den Beisatz „effektiv" auf Frankfurt gezogenen Wechsel, das alte Reduktionsverhältniß von 640 Franken = 297 fl. im 24-Guldenfuße im Gebrauche erhalten. Da an die Stelle dieses letzteren Münzfußes aber gesetzlich der 24½-Guldenfuß getreten war, und überdies schon seit dem 8. Oktober 1840 bei dem Frankfurter Handelsstande das Fünffrankenstück übereinkunftsmäßig 2 fl. 20 kr. im 24½-Guldenfuße galt; so konnte diese unrichtige Reduktionsweise der französischen Franken in Frankfurter Gulden auf die Dauer nicht bestehen.**) Sie war daher auch schon aufgegeben worden, als das unterm 27. März 1849 erlassene Einführungsgesetz zu der (in Frankfurt mit dem 1. Mai 1849 in Kraft getretenen) allgemeinen deutschen Wechselordnung in seinen besonderen Bestimmungen für Frankfurt (in § 7) verordnete: „Diejenigen Wechsel, welche in Franken, wenn das Wort „effektiv" nicht beigefügt ist, auf Frankfurt ausgestellt werden, kann der Bezogene in französischem Silbergelde oder in Gulden, den Franken zu 28 Kreuzern berechnet, bezahlen.***)

---

*) Das letzte Frankfurter Kursblatt mit der alten Notirungsweise (in Wechselzahlung) erschien: Samstag, den 31. Dezember 1842; das erste nach der gesetzlichen Vorschrift eingerichtete Kursblatt wurde ausgegeben: Montag, den 2. Januar 1843. Beide Kursblätter findet man vollständig, nebst den nöthigen Erklärungen des alten und des neuen Kurssystems, in meinem Frankfurter Geschäfts-Handbuche, S. 113 u. flg.

**) Man sehe mein Frankfurter Geschäfts-Handbuch, S. 82 u. flg., sowie S. 110 und 133.

***) Die Münchener Münz-Konvention war auch die Veranlassung zur Erbauung eines ganz neuen, vollständig und zeitgemäß eingerichteten Münzgebäudes in Frankfurt am Main. Schon am 28. September 1840 wurde

§ 95. Im Jahre 1838 erhielt das Münzwesen Deutschlands eine noch ausgedehntere Verbesserung durch die zwischen achtzehn deutschen Staaten zu Dresden am 30. Juli abgeschlossene „allgemeine Münz-Konvention" (welcher sich später noch mehrere Staaten angeschlossen haben).*) In derselben wird die oben (§ 93) erwähnte Münchener Münz-Konvention mit der darin angenommenen Münzmark, so wie die besondere Übereinkunft über die Scheidemünze bestätigt, und in den Ländern der theilnehmenden Staaten, in welchen die Thaler- und Groschen-Rechnung besteht, der 14-Thalerfuß, bei welchem die Mark feinen Silbers zu 14 Thalern ausgebracht wird, mit dem Werthverhältnisse des Thalers zu $1^{3}/_{4}$ Gulden im $24^{1}/_{2}$-Guldenfuße, als Landesmünzfuß angeordnet. Zur Erleichterung des gegenseitigen Verkehrs unter den kontrahirenden Staaten wird eine, den beiden genannten Münzfüßen entsprechende gemeinschaftliche Hauptsilbermünze unter dem Namen und der Bezeichnung „Vereinsmünze" geprägt, von welcher 7 Stück eine Mark fein Silber enthalten; dieselbe hat sonach den Werth von 2 Thalern im 14-Thalerfuße oder $3^{1}/_{2}$ Gulden im $24^{1}/_{2}$-Guldenfuße. Das Mischungsverhältniß der Vereinsmünze ist auf neun Zehntel Silber und ein Zehntel Kupfer bestimmt, wie bei den Hauptmünzen des $24^{1}/_{2}$-Guldenfußes. Was die Silber-Scheidemünze betrifft, so enthält die Münz-Konvention vom 30. Juli 1838 (mit der besonderen protokollarischen Uebereinkunft über die Ausmünzungen nach dem 14-Thalerfuße von demselben Datum) die nämlichen Verordnungen, die aus dem preußischen Münzgesetze vom 30. September 1821 am Ende des § 91 angeführt worden sind.

---

diese neue Anstalt eröffnet, bei welcher Gelegenheit auch die Feier des fünfhundertjährigen Frankfurter Münzrechts erfolgte. (S. mein Frankfurter Geschäfts-Handbuch, S. 144 f.) Man weiß aber jetzt, daß schon im Jahre 1194 in Frankfurt eine Münze bestand. Siehe „Die ältesten Nachrichten über die Münze zu Frankfurt am Main. Mitgetheilt von Dr. Euler," im Archiv für Frankfurts Geschichte und Kunst. Band II., Heft 6. Frankfurt am Main, 1854. S. 195.

*) Diese Dresdner allgemeine Münz-Konvention findet man in meinem Frankfurter Geschäfts-Handbuche, S. 99 bis 104.

§ 96. Nachdem diese beiden wichtigen Münz-Konventionen zwischen den Staaten des Zollvereins in den Jahren 1837 und 1838 zu Stande gekommen waren, bestanden in diesen Staaten nur noch zwei Münzfüße: der 14-Thaler- oder 21-Guldenfuß im Norden, und der 24½-Guldenfuß im Süden des Vereins. Ein dritter Münzfuß, der 20-Guldenfuß, der früher sehr ausgebreitet war, bestand zu dieser Zeit bloß noch in Oesterreich. Dies waren damals die drei Hauptmünzfüße Deutschlands, neben welchen noch einige abweichende in Mecklenburg, Oldenburg, Schleswig-Holstein, so wie in den Hansestädten Hamburg, Lübeck und Bremen befolgt wurden.

Im Gebiete des Thalerfußes bestand aber in der Eintheilung der Münzen keine vollständige Einheit, indem der Thaler nicht überall in 30 Silbergroschen zu 12 Pfennigen, sondern in einigen Ländern — Hannover und Braunschweig — in 24 gute Groschen zu 12 Pfennigen eingetheilt wurde. Auch in den Namen war keine vollkommene Uebereinstimmung vorhanden; denn die Silbergroschen (1/30 Thaler) heißen im Königreiche **Sachsen** und in **Sachsen-Altenburg** Neugroschen, in **Sachsen-Gotha** Groschen, welche überdies in diesen drei Staaten nicht wie in den andern Ländern des 14-Thalerfußes in 12, sondern in 10 Pfennige eingetheilt wurden. Diese Verschiedenheiten verursachten besonders im Grenzverkehre manche Störungen.*)

---

*) Die Eintheilung des Groschens in 10 Pfennige scheint in der Hoffnung geschehen zu seyn, künftig in allen Vereinsstaaten, welche nach Thalern rechnen, einen **wirklichen Dezimalfuß** eingeführt zu sehen, indem man dann zur Erreichung dieser Absicht nur den **Drittelthaler zu 10 Groschen à 10 Pfennige = 100 Pfennige, anstatt des jetzigen Thalers, als oberste Münz- und Rechnungseinheit annehmen darf.** In das altenburgische Gesetz ist sogar vorläufig schon die Bestimmung aufgenommen worden: „Es kann, anstatt nach Thalern, nach **Drittelthalern** zu 10 Neugroschen oder 100 Pfennigen gerechnet werden." (Aus meinem Frankfurter Geschäfts-Handbuche vom Jahre 1845. Seite 201, Note.) Diese von einigen Staaten früher beabsichtigte Aufstellung eines dem 14-Thalerfuße entsprechenden Dezimalsystems ist später für erledigt erklärt worden. Man sehe den Wiener Münzvertrag vom 24. Januar 1857, Separat-Artikel 3, Nr. 3.

§ 97. Nach dem Artikel 19 des preußisch-österreichischen Handels- und Zollvertrages vom 19. Februar 1853 sollten noch im Laufe desselben Jahres Unterhandlungen der kontrahirenden Staaten über eine allgemeine Münz-Konvention eröffnet werden. Diese Münzkonferenzen wurden in Wien zu verschiedenen Zeiten abgehalten, und es kam daselbst unter den Bevollmächtigten der 28 theilnehmenden Regierungen der **Wiener Münzvertrag** zwischen dem **Kaiserthum Österreich** und dem **Fürstenthum Liechtenstein** einerseits und den **deutschen Zollvereinsstaaten** anderseits **vom 24. Januar 1857** zu Stande.*) In demselben ist das Zollpfund von 500 Gramm in den vertragenden Staaten zum ausschließlichen Münzgewichte erklärt und erhält zu diesem Zwecke eine selbstständige Eintheilung in Tausendtheile mit weiterer zehntheiliger Abstufung. (Vergl. die §§ 57 und 58.)

Mit Festhaltung der reinen Silberwährung und auf der Grundlage des neuen Pfundes ist die Münzverfassung der vertragenden Staaten in der Art geordnet worden, daß in denselben **drei verschiedene Münzfüße** bestehen, wodurch wir also nun in Deutschland **drei Münz-Staatengruppen** erhalten, nämlich:

1) die **norddeutschen Staaten mit dem Dreißig-Thalerfuße** (an Stelle des bisherigen 14-Thalerfußes) zu 30 Thalern aus dem Pfunde feinen Silbers, unter der Benennung „Thalerwährung" für die Münzen dieser beiden Münzfüße, und mit der Theilung des Thalers in 30 Groschen;

2) die **süddeutschen Staaten mit dem Zweiundfünfzig-und-einhalb-Guldenfuße** (an Stelle des bisherigen 24½-Guldenfußes) zu 52½ Gulden aus dem Pfunde feinen Silbers,

---

*) Der Wiener Münzvertrag umfaßt alle deutsche Bundesstaaten, mit Ausnahme der folgenden: Mecklenburg-Schwerin und Mecklenburg-Strelitz, Holstein und Lauenburg, Luxemburg und Limburg, und die freien Städte Hamburg Bremen und Lübeck. — Den Wiener Münzvertrag vom 24. Januar 1857 und die dazu gehörigen Separat-Artikel, so wie den gleichzeitig in Wien festgestellten Nachtrag zu der besondern protokollarischen Dresdner Uebereinkunft vom 30. Juli 1838 findet man in dem in § 33 angeführten „Münz-, Maass- und Gewichtsbuch von C. und F. Noback", S. 901—918.

unter der Benennung „süddeutsche Währung" für die Münzen dieser beiden Münzfüße, und mit der Theilung des Guldens in 60 Kreuzer;

3) das Kaiserthum Österreich und das Fürstenthum Liechtenstein mit dem Fünfundvierzig=Guldenfuße zu 45 Gulden aus dem Pfunde feinen Silbers, unter der Benennung „österreichische Währung", und mit der Theilung des Guldens in 100 Neukreuzer à 10 Zehntel=Neukreuzer.

In den Staaten der ersten und zweiten Gruppe ist der Wiener Münzvertrag mit dem 1. Mai 1857 in Kraft getreten, in Österreich und Liechtenstein seit dem 1. November 1858. Nach den kaiserlichen Patenten vom 19. September 1857 und 27. April 1858 ist die neue „österreichische Währung" für den ganzen Umfang des Kaiserthums Österreich vom 1. November 1858 an der allein gesetzliche Landesmünzfuß.

Man sehe hierzu die §§ 25 bis 27.

§ 98. Aus dem § 27 ist ersichtlich, daß die neue Währung des 30=Thalerfußes nur sehr wenig geringer ist, als die vorherige des 14=Thalerfußes. Ganz dasselbe Verhältniß findet zwischen der neuen Währung des $52\frac{1}{2}$=Guldenfußes und der alten oder vorherigen Währung des $24\frac{1}{2}$=Guldenfußes Statt. Da nach dem $24\frac{1}{2}$=Guldenfuße aus der Vereinsmark (von 233,8555 Gramm) feinen Silbers $24\frac{1}{2}$ Gulden, hingegen nach dem $52\frac{1}{2}$=Guldenfuße aus dem neuen Münzpfunde (von 500 Gramm) feinen Silbers $52\frac{1}{2}$ Gulden geprägt werden; so ist der alte oder vorherige Gulden = 1,002238 neue Gulden. Die neue Währung des $52\frac{1}{2}$=Guldenfußes ist also um ziemlich genau $2/9$ Prozent geringer als die vorherige des $24\frac{1}{2}$=Guldenfußes, was einen Unterschied zum Nachtheil des neuen Guldens von ziemlich genau $2/15$ Kreuzern (genauer: 0,1343 Kreuzern) der neuen Währung ausmacht.

Bei solchem geringen Unterschiede zwischen den im § 97 unter 1 und 2 genannten beiden neuen oder jetzigen Münzfüßen und den daselbst ebenfalls erwähnten alten oder vorherigen Münzfüßen in den norddeutschen und süddeutschen Staaten verordnet der Wiener Münzvertrag vom 24. Januar 1857 (im Art. 4),

Münzwesen.

eine Gleichstellung der vorherigen und der jetzigen Münzfüße, dergestalt, daß bei allen Zahlungen und Verbindlichkeiten zwischen beiderlei Münzfüßen, beziehungsweise zwischen den gleichnamigen Münzstücken des bisherigen 14-Thaler- und 24½-Guldenfußes und des neuen 30 Thaler- und 52½-Guldenfußes, ein Unterschied nicht gemacht werden darf.

Man sehe meinen „Vorschlag zu einem allgemeinen deutschen Maß-, Gewicht- und Münz-System", Seite 29, Note.

§ 99. Der Wiener Münzvertrag vom 24. Januar 1857 enthält unter andern folgende Bestimmungen:

1) Für die genannten drei Staatengruppen bestehen zwei gemeinschaftliche Hauptsilbermünzen unter der Benennung Vereinsthaler, nämlich a) der einfache Vereinsthaler = 1 Thaler in Thalerwährung = 1¾ Gulden in süddeutscher Währung = 1½ Gulden in österreichischer Währung; b) der doppelte Vereinsthaler = 2 Thlr. in Thlrw. = 3½ fl. in südd. W. = 3 fl. in österr. W.

2) Zur Erleichterung des gegenseitigen Verkehrs und zur Förderung des Handels mit dem Auslande lassen die vertragenden Staaten auch Vereinshandelsmünzen in Gold unter der Benennung Krone und halbe Krone ausprägen, und zwar a) die Krone zu $\frac{1}{50}$ des Pfundes feinen Goldes; b) die halbe Krone zu $\frac{1}{100}$ des Pfundes feinen Goldes. Der Silberwerth der Vereinsgoldmünzen im gemeinen Verkehr wird lediglich durch das Verhältniß des Angebots zur Nachfrage bestimmt, es darf ihnen daher die Eigenschaft eines die landesgesetzliche Silberwährung vertretenden Zahlmittels nicht beigelegt und zu ihrer Annahme in dieser Eigenschaft niemand gesetzlich verpflichtet werden. Der Silberwerth der Vereinsgoldmünzen wird von jedem Staate auf die Dauer von höchstens 6 zu 6 Monaten im Voraus festgesetzt.

In dem Falle, daß einer der vertragenden Staaten zur Erleichterung der Rechnung eine ideale Theilung der Krone einführen sollte, hat diese Theilung zunächst in 10 Theile unter der Benennung „Kronzehntel" Statt zu finden. Die Art der weiteren

Theilung des Kronzehntels bleibt den betreffenden Regierungen überlassen.

3) Der **Feingehalt** der edlen Metalle wird beim Münzwesen in Tausendtheilen ausgedrückt. Das **Mischungsverhältniß** der Vereinssilbermünzen und der Vereinsgoldmünzen ist auf 900 Tausendtheile edles Metall (Silber oder Gold) und 100 Tausendtheile Zusatz (Kupfer) festgesetzt.*)

4) Es bleibt jedem der vertragenden Staaten vorbehalten, zu Zahlungen im kleinen Verkehr und zur Ausgleichung kleinere Münzen nach einem leichteren als dem Landesmünzfuße (§ 97) in einem dem letzteren entsprechenden Nennwerthe als **Scheidemünze** sowohl in Silber als in Kupfer auszuprägen, doch darf die **Silberscheidemünze** in keinem leichteren Münzfuße als zu $34\frac{1}{2}$ Thlr. in Thalerwährung, $60^3/_8$ fl. in süddeutscher Währung und $51\frac{3}{4}$ fl. in österreichischer Währung geprägt werden. Bei Ausprägung der **Kupferscheidemünze** ist das Nennwerthsverhältniß von 112 Thalern in Thalerwährung, 196 fl. süddeutscher Währung und 168 fl. österreichischer Währung für 1 Zollzentner Kupfer niemals zu überschreiten. Niemand darf genöthigt werden, eine Zahlung, welche den Werth der kleinsten groben Münze erreicht, in Scheidemünze anzunehmen.

§ 100. Nächst den Vereinsmünzstücken (§ 99 Nr. 1) bestehen noch in den vertragenden Staaten:

a) in den **norddeutschen** Staaten das $\frac{1}{6}$ Thalerstück, und für das Königreich **Sachsen** zugleich das $\frac{1}{3}$ Thalerstück, und als Scheidemünze der Silbergroschen, nebst seinen Theilstücken (Pfenningen) von Kupfer;**)

---

*) „Bei der Bestimmung des **Feingehaltes** der **Silbermünzen** soll überall die Probe auf nassem Wege angewendet werden."

„Bei der Bestimmung des **Feingehaltes** der **Goldmünzen** soll überall das vereinbarte Probirverfahren angewendet werden."

„Als **Probirgewicht** kommt fortan das Tausendtheil des Münzpfundes (= $\frac{1}{2}$ Gramm = 500 Milligramm) in Anwendung, welche Einheit wiederum in 1000 Theile zerfällt. Der kleinste Gewichtstheil bei der Goldgehaltsbestimmung ist ein Tausendtheil dieser Probirgewichtseinheit."

) **Hannover rechnet seit dem unterm 3. Juni 1857 erlassenen neuen hannoverschen Münzgesetze nach Thalern zu 30 Groschen à 10 Pfennige (offi-

b) in den süddeutschen Staaten das 2=Guldenstück, 1=Guldenstück und das ½=Guldenstück,*) ferner als Scheidemünzen 6= und 3=Kreuzerstücke in Silber, so wie 1=Kreuzstücke in Silber oder Kupfer, nebst Pfennigen oder Hellern in Kupfer, als Theilstücken des Kreuzers;

c) in Österreich das 2=Guldenstück, 1=Guldenstück und das ¼=Guldenstück, dann als Scheidemünzen Stücke zu 10 und 5 Neukreuzer in Silber, und Stücke zu 3, 1 und ½ oder ⁵⁄₁₀ Neukreuzer in Kupfer.

Die süddeutschen Münzen stehen zu denen in den beiden andern Währungen in folgendem Verhältnisse:

Südd. Währung:	Thaler=Währung:	Österr. Währung:
2 Gulden	1 Thlr. 4²⁄₇ Sgr.	1 fl. 71³⁄₇ Neukr.
1 Gulden	— Thlr. 17¹⁄₇ Sgr.	— fl. 85⁵⁄₇ Neukr.
½ Gulden	— Thlr. 8⁴⁄₇ Sgr.	— fl. 42⁶⁄₇ Neukr.
6 Kreuzer	— Thlr. 1⁵⁄₇ Sgr.	— fl. 8⁴⁄₇ Neukr.
3 Kreuzer	— Thlr. ⁶⁄₇ Sgr.	— fl. 4²⁄₇ Neukr.

Zwischen den groben Münzsorten dieser gegenwärtig in Deutschland bestehenden drei Münzfüße finden dagegen folgende einfache Verhältnisse Statt:**)

4 Thaler der Thalerwährung = 6 Gulden österreichischer Währung;

6 Gulden österreichischer Währung = 7 Gulden süddeutscher Währung;

---

ziell „Pfenninge"), wie Sachsen-Gotha und seit dem 1. Januar 1858 Braunschweig, wie ferner das Königreich Sachsen und Sachsen-Altenburg, nur daß in diesen beiden letzteren Staaten der Dreißigstel-Thaler „Neugroschen" genannt wird. Vergl. § 96.

*) Als zulässige kleinste in dem Landesmünzfuße auszuprägende Theilstücke der Hauptmünzen können auch ⅛-Guldenstücke im 52½ Guldenfuße geprägt werden.

**) Nach dem kaiserlichen Patente vom 27. April 1858 müssen (vom 1. November 1858 an) 100 Gulden im alten Konventions- oder 20-Guldenfuße = 105 Gulden neue österreichische Währung gerechnet werden. Hiernach ist die neue österreichische Währung um 5 Prozent leichter als die alte österreichische Währung des strengen 20-Guldenfußes. Genau genommen (man vergl. die §§ 27 und 98) ist es aber 5,235 Prozent.

7 Gulden süddeutscher Währung = 4 Thaler der Thaler-Währung.

§ 101. Da zufolge des erwähnten Wiener Münzvertrags in Deutschland auch in Zukunft, wie seither, drei verschiedene Münzfüße fortbestehen sollen, der Zollverein aber schon vorher seine beiden wohlgeordneten Münzsysteme, so wie in der Vereinsmark ein genau bestimmtes Münzgewicht besaß, und Österreichs Uebergang vom 20=Guldenfuße zum 21=Guldenfuße gar nicht von einer Veränderung des Münzgewichts abhing; so war für die Annahme einer neuen Gewichtseinheit beim Münzwesen, aus dem praktischen Gesichtspunkte betrachtet, kein triftiger Grund vorhanden. Auch findet ja zwischen dem alten 14=Thaler=, 21=Gulden= und 24½-Gulden-Fuße genau dasselbe Verhältniß Statt, wie zwischen dem neuen 30=Thaler=, 45=Gulden= und 52½-Gulden-Fuße, nämlich 4 : 6 : 7. Daß man sich aber auf der Wiener Münzkonferenz dennoch zu dieser bedeutenden Veränderung, zur Annahme des neuen Münzpfundes, entschloß, darin liegt unverkennbar die Absicht der deutschen Regierungen, die zugesagte und nothwendige Einheit in den Maßen und Gewichten möglichst bald herzustellen, und zwar in einem Maßsystem, dessen Grundlage das französische metrische Maß und Gewicht bildet. *) Hat man aber diese Absicht,

---

*) Man hat aus dem Umstande, daß in dem Wiener Münzvertrage zu Größenbestimmungen von Maß und Gewicht französische Millimeter und Gramme angewendet worden sind, auf die Annahme des metrischen Systems selbst zum künftigen deutschen Maßsysteme schließen wollen. Dies ist aber ein Irrthum. Schon in den beiden Münz-Konventionen vom 25. August 1837 und 30. Juli 1838 hat man sich zu demselben Zwecke des nämlichen französischen Maßes und Gewichts bedient. Wer die Geschichte des deutschen Maßwesens kennt, weiß, daß man ehemals zur Bestimmung und Vergleichung der Maße und Gewichte, für jene, Linien des Pariser Fußes, für diese, Asse des holländischen Troy-Gewichts, oder Richtpfennigtheile des Kölnischen Markgewichts, auch wohl Gräne des Pariser Markgewichts gebraucht hat. An die Stelle derselben ist in neuerer Zeit bei wissenschaftlichen Untersuchungen fast allgemein das französische metrische Maß und Gewicht getreten. Und dieses metrische Maß und Gewicht hat man natürlicherweise auch in dem Wiener Münzvertrage anwenden müssen, da es uns an einem allgemeinen deutschen Maßsystem bisher gänzlich gefehlt hat.

— woran nicht zu zweifeln ist, — so konnte unser seitheriges Münz-, Gold- und Silbergewicht, die Kölnische Mark oder Vereins-Münzmark (welche in keinem einfachen Verhältnisse zu dem metrischen Gewichte steht), nicht für die Dauer beibehalten, sondern mußte in kürzerer oder längerer Zeit doch abgeschafft werden. Und zu dieser Abschaffung bot sich bei den Verhandlungen in Wien die beste Gelegenheit dar. (Vergl. die §§ 26 und 57.)

§ 102. Nach den vorliegenden Verhältnissen müssen wir also auf eine wirkliche deutsche Münzeinheit verzichten, und uns vor der Hand mit den Vereinbarungen begnügen, welche in Wien zur Annäherung und leichten Ausgleichung der bestehenden verschiedenen Münzfüße zu Stande gebracht worden sind. Süddeutschland hat am wenigsten Ursache mit den durch den Wiener Münzvertrag gewonnenen Ergebnissen zufrieden zu seyn. Da die süddeutschen Münzen mit den Münzen der beiden andern Währungen in einem sehr unbequemen Rechnungsverhältnisse stehen, während zwischen der Thalerwährung und der österreichischen Währung bei allen Münzsorten, von der gröbsten bis zur kleinsten, eine wünschenswerthe Uebereinstimmung herrscht; so wird Süddeutschland dadurch bei seinem Verkehre mit Österreich sowohl, als mit Norddeutschland in eine sehr ungünstige Lage versetzt.

§ 103. Um die Bestimmungen der früheren Verträge des süddeutschen Münzvereins dem Wiener Münzvertrage vom 24. Januar 1857 entsprechend zu ergänzen und festzustellen, waren die Bevollmächtigten der Regierungen dieses Vereins in München zusammengetreten und es wurde von denselben am 7. August 1858 ein „Vertrag über das Münzwesen des süddeutschen Münzvereins" abgeschlossen.

In diesem Vertrage wird zuerst bestätigt, daß das Pfund von 500 Grammen die Grundlage der Ausmünzung in den vertragenden Staaten bildet, daß an die Stelle des $24\frac{1}{2}$-Guldenfußes der $52\frac{1}{2}$-Guldenfuß als gesetzlicher Münzfuß tritt, und daß die in beiderlei Münzfüßen ausgeprägten gleichnamigen Münzen ganz gleiche Geltung haben.

Außer den bisherigen groben Silbermünzen (Kurantmünzen) können als solche auch Viertel=Guldenstücke zu 15 kr. geprägt werden, wenn dazu ein Bedürfniß sich ergibt. (§ 100 b, Note.) Das Mischungsverhältniß der bisherigen groben Silbermünzen, der Zweigulden-, Gulden= und Halbgulden=Stücke wird auf 900 Tausendtheile Silber und 100 Tausendtheile Kupfer, der Viertelgulden auf 520 Tausendtheile Silber und 480 Tausendtheile Kupfer festgesetzt. *)

Der Ausmünzungsfuß der Sechs= und Dreikreuzerstücke wird auf 58 Gulden aus dem Pfunde feinen Silbers festgesetzt. Der Silbergehalt derselben wird zu 350 Tausendtheilen angenommen.

---

*) Durch die zugelassene Prägung von ¼-Guldenstücken hat man wohl die der umlaufenden Geldmasse in Süddeutschland durch die Werthherabsetzung oder Verrufung der vorhandenen „20- und 10-Kreuzerstücke des 20-Guldenfußes" entzogene Summe wieder ersetzen wollen. Ein zwischen den Regierungen des „süddeutschen Münzvereins" in München abgeschlossener Vertrag setzt nämlich fest: 1) daß die gedachten beiden Münzsorten der süddeutschen Münzvereinsstaaten ihre bisherige Geltung von 24 und 12 Kreuzern süddeutsche Währung bis zum 15. November 1858 einschließlich behalten, vom 16. November 1858 an aber aufhören, gesetzliches Zahlungsmittel zu seyn; — 2) daß die gedachten beiden Münzsorten österreichischen Gepräges (und des Gepräges der erloschenen jetzt österreichischen Münzherrschaften) bezüglich nur 23½ und 11 Kreuzer süddeutsche Währung als gesetzliches Zahlungsmittel zu gelten haben, während die Bestimmung des Termins vorbehalten ist, von welchem an diese Münzen aufhören werden, gesetzliches Zahlungsmittel zu seyn. In Frankfurt am Main wurden schon in Folge des Gesetzes vom 15. Mai 1858, und von dieser Zeit an, die österreichischen 20-Kreuzerstücke des 20-Guldenfußes älteren Gepräges (bis 1852), so wie die österreichischen 10-Kreuzerstücke des 20-Guldenfußes, nicht mehr als gesetzliches Zahlungsmittel (zu bezüglich 24 und 12 Kreuzern süddeutsche Währung) anerkannt. In dem Frankfurter Gesetz, das Kursverhältniß der im Konventionsfuße ausgeprägten 20- und 10-Kreuzerstücke betreffend, vom 16. August 1858, ist diese Bestimmung wegen der gedachten beiden Münzsorten österreichischen Gepräges bestätigt, mit dem Zusatze, daß dieselben jedoch von der Rechenei- und Renten-Kasse bis auf Weiteres bei Zahlungen zu einem geminderten Werthe von 23½ und 11 Kreuzern angenommen werden. Dasselbe Gesetz sagt, daß von dem 16. November 1858 an die genannten beiden Münzsorten der süddeutschen Münzvereinsstaaten bei der Rechenei- und Renten-Kasse zu 23½ und 11 Kreuzern bei Zahlungen angenommen werden.

Die Ausprägung von Einkreuzerstücken von Silber oder Kupfer und deren Theilstücken, so wie die gegenseitige Annahme derselben bleibt dem Ermessen der einzelnen Staaten überlassen. Die Einkreuzerstücke von Silber sind indessen nicht in einem leichtern Münzfuße als zu $60^3/_8$ Gulden aus dem Pfunde feinen Silbers auszubringen und es soll in der Kupferscheidemünze der Zollzentner Kupfer nicht höher als zu 196 Gulden ausgebracht werden. — Niemand darf in den Landen der vertragenden Staaten genöthigt werden, eine Zahlung, welche den Werth der kleinsten groben Silbermünze erreicht, in Scheidemünze anzunehmen.

§ 104. Besonders wichtig sind in diesem Münchener Münzvertrage folgende Bestimmungen: 1) daß die von den vertragenden Staaten innerhalb der nächsten fünf Jahre jährlich im Betrage von vier Millionen Gulden (später jährlich von mindestens zwei Millionen Gulden) einzuziehenden Kronenthaler vorzugsweise in Vereinsthaler umgeprägt werden sollen; 2) daß die Quantität der auszuprägenden süddeutschen Münzen nicht mehr, wie in den früheren Verträgen, genau angegeben ist, sondern deren Festsetzung jeder einzelnen Regierung überlassen bleibt, während nach dem Wiener Münzvertrage vom 24. Januar 1857 von Vereinsthalern in den vertragenden Staaten bestimmte Beträge ausgeprägt werden müssen.

§ 105. Durch solche Bestimmungen wird der süddeutsche Gulden in den Hintergrund gedrängt und dem (im Werthe vom Vereinsthaler sehr wenig verschiedenen) Zweiguldenstück ein empfindlicher Schlag, wenn nicht gar der Todesstoß versetzt. Denn wo wäre unter solchen Umständen für die süddeutschen Staaten ein Bedürfniß vorhanden, neben den Vereinsthalern auch noch Zweiguldenstücke zu prägen? Dazu kommen die unbequemen Reduktionsverhältnisse und der Mangel an Uebereinstimmung des süddeutschen Münzsystems mit den beiden andern Münzsystemen (§ 102). Bei dieser Sachlage und bei der Kleinheit des süddeutschen Münzgebietes kann sich dessen Münzsystem auf die Dauer schwerlich halten, und Süddeutschland wird über kurz oder lang doch zu einem vollständigen Anschlusse an eins der beiden andern Münzsysteme gedrängt werden. Würde man dazu die Thalerwährung wählen, so könnte es nur unter der Bedingung geschehen, den Thaler in 100 Theile (Neukreuzer) zu theilen, welche Theilung ich zur Einführung des Dreißig=Thalerfußes in ganz Deutschland schon vor zwölf Jahren vorgeschlagen hatte (§ 25). Nach dieser Eintheilung würde Süddeutschland seine Kreuzer, nur mit der kleinen Erhöhung des zwanzigsten Theils ihres bisherigen Werthes, behalten, so daß 20 neue Kreuzer 21 alten Kreuzern gleich seyn würden. Da die Thalerstaaten aber die bequeme Hunderttheilung nicht angenommen, sondern ihre unpraktische Eintheilung des Thalers in 30 Silbergroschen à 10 oder 12 Pfennige beibehalten haben, auch diese wohl so bald nicht abschaffen werden; so kann schon aus diesem Grunde von einem Anschlusse Süddeutschlands an die Thalerwährung nicht die Rede seyn. Aber auch noch aus andern Gründen erscheint die österreichische Währung als die geeignetste für die süddeutschen Staaten. Bei einem Anschlusse an den österreichischen Münzfuß (nach welchem der Gulden in 100 Neukreuzer getheilt ist) würde Süddeutschland die alten Namen Gulden und Kreuzer behalten, nur der Werth derselben würde geändert werden. Es würden nämlich die süddeutschen Gulden um den sechsten Theil ihres bisherigen Werthes erhöhet, die süddeutschen Kreuzer dagegen um $6/20$ ihres bisherigen Werthes verringert werden, so daß alsdann

7 süddeutsche Gulden = 6 österreichischen Gulden und

7 süddeutsche Kreuzer = 10 österreichischen Neukreuzern

seyn würden.

Die österreichische Währung verschafft ferner neben dem Vortheile der Hunderttheilung, nicht bloß sehr einfache Reduktionsverhältnisse mit den Münzen der Thalerstaaten, sondern auch mit dem Frankengelde. Es sind nämlich

2 österreichische Gulden = 5 Franken und

2 österreichische Neukreuzer = 5 Centimen.

So ist das österreichische Münzsystem auch das geeignetste den Verkehr mit mehreren Ländern zu vermitteln.

§ 106. Es ist in neuester Zeit der Vorschlag gemacht worden, den **Drittelthaler** (zu 10 Groschen) als oberste Münz- und Rechnungseinheit unter dem Namen **Mark** einzuführen, und solchen in 100 Pfennige zu theilen. Sollte der Pfennig dadurch zu groß erscheinen, so könnten noch Heller geschlagen werden, deren also 20 auf einen Groschen gingen. Der Groschen (zu 10 Pfennigen) würde sich alsdann wieder in Viertel zerfällen und jede Pfenniggröße unter einem Groschen in gleiche Hälften theilen lassen. Dies wäre der „Neunzig-Markfuß", indem 90 Einheiten aus dem deutschen Münzpfunde feinen Silbers geprägt würden. Das Verhältniß zum Frankengelde wäre folgendes: 4 Mark = 5 Franken und 4 Pfennige = 5 Centimen. Man hat diese Idee übrigens schon früher in Sachsen gehabt; sie ist sogar die Veranlassung gewesen, daß einige Staaten den Groschen in 10, statt in 12 Pfennige theilten. (Man s. § 96, Note.) Zur Annahme dieses Vorschlages ist aber jetzt wohl wenig Aussicht vorhanden.

§ 107. Zu den wenigen deutschen Staaten, welche dem Wiener Münzvertrage vom 24. Januar 1857 nicht beigetreten sind,*) haben zum Theile Veränderungen im Münzwesen in neuerer Zeit Statt gefunden, die einen Anschluß an die Thalerwährung sehr erleichtern. Von diesen Staaten sind besonders die drei Hansestädte für den allgemeinen deutschen Handel wichtig.

Die in **Hamburg** unterm 24. April 1856 zum Gesetz erhobene „provisorische Münzverordnung" verfügt die Einführung des Vierzehnthalerfußes: die Einheit bleibt die Mark, es wird jedoch Hamburg Stücke zu 2½ und 5 Mark oder zu 1 und 2 Thalern (der Thaler zu 40 Schillingen) prägen, welches aber bis jetzt noch nicht geschehen ist. Hiernach betragen 35 Kurantmark eine Kölnische Mark fein Silber. Die Thaler des 14-Thalerfußes (und des neuen 30-Thalerfußes) werden bei allen Kassen, auch bei Steuerzahlungen, zu 2½ Kurantmark oder 40 Schillingen Kurant angenommen. (Vergl. § 87 unter 5.) Von einem Aufgeben der vom übrigen Deutschland sehr ab-

---

*) Man sehe § 97, Note.

weichenden Hamburger Bankvaluta ist aber bis jetzt noch nichts zu bemerken, was doch sicher dem Handel der Stadt selbst zum Vortheil gereichen würde. (Vergl. § 87 unter 6.)

In Lübeck ist der bisher faktisch bestehende 35-Mark- oder 14-Thalerfuß durch das neue Münzgesetz vom 15. Dezember 1856 als die ausschließlich gesetzliche Währung mit der Publikation dieses Gesetzes (am 20. Dezember 1856) eingeführt worden. Unter Thalern oder Thalern Kurant werden fortan nur Thaler des 35-Markfußes, nämlich ein Betrag von 2 Mark 8 Schillingen oder von 40 Schillingen Kurant (des neuen Fußes), verstanden. (Vergl. § 87 unter 5.) Das erwähnte Münzgesetz führt als Lübecker Münzgewicht die Münzmark der Zollvereins-Staaten ein, welche auch in dem Gesetze über das neue Landesgewicht vom 7. Mai 1860 bestätigt wird. (Vergl. S. 66 unter 2.)

Obgleich Bremen nur von Staaten mit der reinen Silberwährung umgeben ist, so hat es bis jetzt doch an der Goldwährung festgehalten. Es wird sich aber einem Anschlusse an jene, seines eigenen Vortheils wegen, auf die Dauer nicht entziehen können. (Vergl. § 87 unter 8.) Das Gesetz vom 19. September 1857 erklärt die neue deutsche goldene Krone zum gesetzlichen Zahlungsmittel neben der Pistole und legt der einfachen Krone einen Werth von $8^{1}/_{10}$ Thalern Gold (oder „in Louisd'or") bei. Dieses Gesetz bestimmt ferner, daß einfache, doppelte und halbe Pistolen im bremischen Staate als gesetzliches Zahlungsmittel nur gelten, sofern dieselben in dem Verhältnisse von höchstens 84 einfachen Pistolen, beziehungsweise 42 doppelten oder 168 halben Pistolen, gleich einem deutschen Münzpfunde feinen Goldes ausgeprägt sind. Hiernach sind 84 Stück Pistolen = 50 deutschen Kronen gewürdigt. *)

Im Großherzogthum Mecklenburg-Schwerin, in welchem seit dem 12. Januar 1848 schon der 14-Thalerfuß gesetzlich besteht, ist am 5. Februar 1858 eine Verordnung erschienen, welche im § 1 Folgendes bestimmt: „Der 30-Thalerfuß auf

---

*) Das oben erwähnte Münzgesetz findet man vollständig in dem im § 33 angeführten Werke von C. und F. Noback, S. 832.

Grundlage des Pfundes wird dem auf die bisherige Mark gegründeten 14=Thalerfuß in der Weise gleichgestellt, daß bei allen Zahlungen und Verbindlichkeiten zwischen beiderlei Münzfüßen, beziehungsweise zwischen den gleichnamigen Münzen des bisherigen 14=Thalerfußes und des 30=Thalerfußes ein Unterschied nicht gemacht werden darf."

IV. Nachträge.

Zu § 60, Seite 61 bis 63.

§ 108. Der auf der vierten Konferenz des deutsch-österreichischen Postvereins zu Frankfurt am Main unterm 18. August 1860 abgeschlossene und von den betreffenden Regierungen genehmigte neue Postvereins-Vertrag enthält über das angenommene Entfernungsmaß und Gewicht folgende Bestimmungen. (Art. 7.) „Die Entfernungen in dem Wechselverkehre zwischen den einzelnen Postvereinsgebieten werden ausschließlich nach geographischen Meilen (zu 15 auf einen Äquatorsgrad) bestimmt." (Art. 8.) „Für alle Gewichtsbestimmungen in dem Wechselverkehre der Postvereinsstaaten gilt als Gewichtseinheit das Zollpfund. Dasselbe wird vom 1. Januar 1862 an im gesammten Postvereinsverkehre in 30 Loth, mit der Unterabtheilung in Zehntel, getheilt, sofern nicht bis dahin von Bundeswegen eine andere Eintheilung des Gewichts beschlossen werden sollte." (Art. 18.) „Als einfache Briefe werden solche behandelt, welche weniger als Ein Loth ($1/30$ des Zollpfundes) wiegen. Für jedes Loth und für jeden Theil eines Lothes Mehrgewicht ist das Porto für einen einfachen Brief zu erheben."

Zu § 63, S. 65, zweite Note.

§ 109. Von der kurhessischen Landes-Pharmakopöie vom Jahre 1827 ist im Jahre 1860 eine neue Ausgabe erschienen, aber bis jetzt noch nicht gesetzlich eingeführt worden. Die Vorrede derselben ist datirt: Kassel, den 2. Oktober 1860.

Das Medizinalpfund ist das frühere (alte Nürnberger) geblieben, und in der neuen Ausgabe eben so wie in der vorigen, nämlich zu 357,6639 Gramm, angegeben. — Um eine genaue Übereinstimmung in den Medizinalgewichten des Landes herzustellen und zu erhalten, hat das kurfürstl. hessische Ober-Medizinal-Kollegium in Kassel in einem Ausschreiben vom 4. Dezember 1834 sämmtliche Apotheker in Kurhessen angewiesen, die nöthigen Normalgewichte nur aus Kassel (von dem Münzmechanikus **Breithaupt**) zu beziehen, um das in den Apotheken vorhandene Medizinalgewicht darnach rektificiren zu können und nur solches zu gebrauchen. *) (Vergl. die §§ 42 und 46.)

Zu § 71, S. 74.

§ 110. Die „Pharmaceutische Centralhalle für Deutschland, von Dr. **Hager** in Berlin" enthält in Nr. 16 vom Jahre 1860 die Mittheilung, daß die neue **preußische Pharmakopöie** sicherem Vernehmen nach sehr bald erscheinen werde, und sagt weiter: „Mit Rücksicht auf die noch unentschiedene Frage des Medizinalgewichts sind die Vorschriften der Pharmakopöie in **Theilen** geschrieben, wie dies auch in der schwedischen, norwegischen, französischen und belgischen Pharmakopöie der Fall ist."

---

*) Man sehe meine Vergleichungs-Tafeln der Gewichte rc. S. 108 f.

Register.

Die Zahlen zeigen die Paragraphen an, ausgenommen wenn ein S. (Seite) vor denselben steht.

A.
Altenburg S. 65, 96.
Anhalt-Bernburg S. 65.
Anhalt-Dessau-Köthen S. 65.
Apothekergewicht, s. Medizinalgewicht.
Augsburg 89.

B.
Baden 36, 39, 69, 70, 83.
Baiern 38, S. 67, 69, 75.
Bessel, Friedr. Wilh., geheimer Rath, Direktor der Sternwarte in Königsberg, 29, S. 33, 41, S. 43, S. 59, 80.
Birkenfeld 44, S. 65.
Braunschweig 44, S. 65, 96.
Bremen S. 65, S. 93, 107.

C.
Chelius, Georg Kaspar, erster Recheneischreiber, Inspektor, in Frankfurt am Main, 5, 9, 10, 12, 14, 17, 19, 29, 49, 51, 68.

D.
Dresdner Münz-Konvention v. J. 1838, 56, 95.

E.
Eckhardt, Dr., Christian Phil. Leonhard, geheimer Rath, in Darmstadt, 42, 79.

Eytelwein, Dr., Joh. Albert, Ober-Landes-Baudirektor, in Berlin S. 43, S. 57.

F.
Finck, Heinrich Hermann, Pfarrer, in Bauschheim 35.
Finck, geb. Hauschild, Bertha Elise, in Bauschheim 35.
Frankfurt am Main 23, 47 bis 54, 59, 63, 71, 89, 94, S. 108.

G.
Gerhardt, Markl. Rub. Balth., Haupt-Banko-Buchhalter, in Berlin 19.
Gewichts-Konvention v. J. 1856, norddeutsche, 62, S. 65, 71, 75.
Gold- und Silberwaren, neue Bezeichnungsweise des Feingehaltes derselben 66.
Gotha S. 65, 96.

H.
Hagen, G., geheimer Ober-Baurath, Mitglied der Akademie der Wissenschaften in Berlin 77.
Hamburg 45, S. 65, 87, 107.
Hannover 44, S. 65, 87, 96.
Hannoverscher Entwurf zu einem einheitlichen Maßsystem für Deutschland 77 bis 80, 83.

Hauſchild's, Joh. Friedr., Vorſchlag zu einem allgemeinen deutſchen Maß-, Gewicht- und Münzſyſtem 25, 26, 28, 29, 70, 74, 76, 78.
Hauſchild, geb. Chelius, Marie, in Frankfurt am Main 10, 35.
Heſſen, Großherzogthum, 36, 42, 63, 71, 84.
Heſſen, Kurfürſtenthum, S. 65, 109.
Heſſen-Homburg, Landgrafſchaft, 43, 63, S. 70, 71.
Hoffmann, Chriſtian, Mechanikus, in Leipzig S. 40.
Hohenzollern S. 45, 63, S. 65.
Hohlmaße, allgemeine deutſche 82 bis 85.
Holſtein S. 66.

J.
Juwelengewicht S. 60, S. 65, S. 68.

K.
Karmarſch, Dr., Karl, Direktor der polytechniſchen Schule in Hannover 77, 78.
Koburg S. 65.
Kölniſche Mark 23, 26, S. 40, 57.
Kronenthaler 90, 92.

L.
Längenmaße, allgemeine deutſche, 28, 30, 76, 77 bis 79.
Laubthaler 90, 92.
Liechtenſtein S. 67.
Lippe (-Detmold) 43, S. 65.
Littrow, Joſeph Johann, Edler von, Direktor der Sternwarte in Wien S. 10 bis 13.
Lübeck S. 66, 87, 107.
Luxemburg S. 67.

M.
Maßſyſtem, franzöſiſches metriſches 32; unbequeme Größen deſſelben 31, S. 69, 76, 78, 79, 83, S. 89; Unſicherheit ſeiner Originale 29, S. 87.
Maßſyſtem, franzöſiſches metriſches, als Grundlage des deutſchen Maß-ſyſtems 26, 31, 57, 76, 101.
Mecklenburg-Schwerin S. 65, 87, 107.

Mecklenburg-Strelitz S. 65.
Medizinalgewicht im Allgemeinen, deutſches, 67, 68, 74.
Medizinalgewicht, badiſches 69, 70; baieriſches 69, 75; franzöſi-ſches S. 77; Frankfurter 54, S. 60, 71; großherzogl. heſ-ſiſches S. 41, 71; kurheſſiſches S. 65, 109; naſſauiſches S. 47, 71; altes Nürnberger 67, 68, 69; öſterreichiſches 69; preu-ßiſches S. 42, 68, 69, 71, 72, 73, 110; württembergiſches 71.
Meiningen S. 65.
Muncke, Dr., G. W., geheimer Hofrath, Profeſſor in Heidelberg 13.
Münchener Münz-Konvention v. J. 1837, 56, 93.
Münzfüße, frühere 87; 20-Gul-denfuß 87, 96, 100; 24½-Gul-denfuß 93, 96, 98; 14-Thalerfuß 87, 95, 96, 98; 30-Thalerfuß (Thaler-Währung) 25, 26, 27, 97, 98, 105; 52½-Guldenfuß (ſüd-deutſche Währung) 97, 98, 103, 105; 45-Guldenfuß (öſterreichi-ſche Währung) 97, 100, 105; 90-Markfuß 106.
Münzpfund, deutſches, 25, 57, 97, 101, 103.
Münzverein, deutſcher, ſ. Wiener Münz-vertrag v. J. 1857.
Münzverein, ſüddeutſcher, 93, 103.

N.
Naſſau 46, S. 47, 63, 71, 83.
Naturmaße, unveränderliche, S. 30, S. 33, S. 86.
Nelkenbrecher, Joh. Chriſtian, in Leipzig 19; deſſen Taſchenbuch der Münz-, Maß- und Ge-wichtskunde 17, 19, 20, 21.
Noback, Chriſtian, Direktor der Handels-Lehranſtalt in Erfurt 18, 33, S. 46.
Noback, Friedrich, Direktor der öf-fentlichen Handels-Lehranſtalt in Chemnitz 33, S. 46.

Nördlinger, Wilhelm, Ober-Ingenieur der Orleans-Centralbahnen,
in Paris 30, 77, 81, 83.

O.

Oldenburg S. 65.
Oesterreich 10, S. 67, 69.

P.

Postverein, deutsch-österreichischer, 58,
60, 108.
Preußen 41, 58, 61, S. 64, S. 65,
68, 69, 71, 72, 73.
Probirgewicht bei dem Münzwesen 18,
53, 99.

R.

Reußische Fürstenthümer 9, S. 65, 88.
Rößler, Friedr. Ernst, Münzwardein
in Frankfurt am Main 23.

S.

Sachsen, Königreich, S. 65, S. 69, 96.
Schaumburg-Lippe S. 65.
Scheidemünzen 91, 95, 99, 100, 103.
Schiebe, August, Direktor der öffent-
lichen Handels-Lehranstalt in Leip-
zig 14, 18.
Schumacher, Heinr. Christian, Kon-
ferenzrath, Professor, in Altona 12,
29, S. 33, 45, S. 59, S. 87.
Schwarzburg-Rudolstadt S. 65, S. 70.
Schwarzburg-Sondershausen S. 65,
S. 69.

Steinheil, Dr., Karl August, Aka-
demiker, Ministerialrath in München
29, 38, S. 59, 80.

V.

Vereins-Goldmünzen 99.
Vereins-Münzmark 23, 26, 53, 56,
57, 93, 98, 101.
Vereins-Silbermünzen 95, 99.
Versammlungen deutscher Archi-
tekten und Ingenieure 30, 77,
S. 81; deutscher Eisenbahn-
verwaltungen S. 80; der
wirthschaftlichen Gesellschaft
für Nordwestdeutschland S. 31.
Verschiedenheit der Maße 36.
Verschiedenheit der Münzen 86 bis 89.

W.

Waldeck mit Pyrmont S. 65.
Weimar S. 65.
Wiener Münzvertrag v. J. 1857, 25,
57, 97, 99, 104.
Wild, Mich. Friedr., geheimer Hof-
rath, in Mülheim 39.
Würtemberg 38, 63, 71.

Z.

Zollpfund, deutsches, 55, 58, 97; als
allgemeines deutsches Landesgewicht 58, 61, 62, 63.
Zoll- und Handelsverein, deutscher, 55,
60, 61, 97.

Druck von J. D. Streng in Frankfurt a. M.